Fördermaterial

Petra Hartmann

Lese-Versteher werden

Sinnerfassendes Lesen erfahren

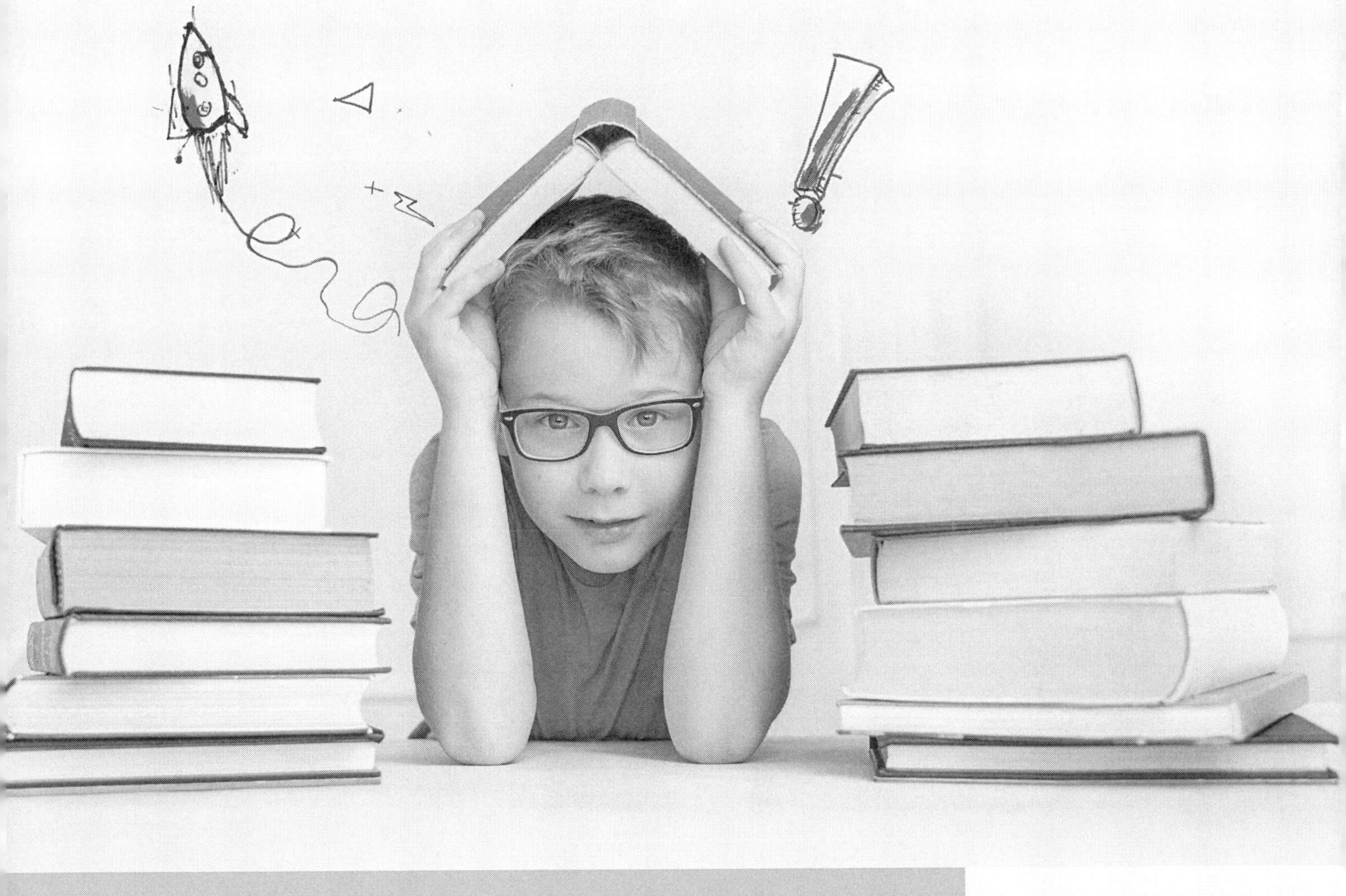

Lesemotivation durch sinnvolles Verknüpfen von Bildern, Wörtern, Sätzen und Texten fördern

www.kohlverlag.de

Lese-Versteher werden

Sinnerfassendes Lesen erfahren

1. Auflage 2023

Inhalt & Illustrationen: Petra Hartmann
Umschlagbild: © Igor Link - AdobeStock.com
Redaktion: Kohl-Verlag
Grafik & Satz: Simone Demler / Kohl-Verlag
Druck: farbo prepress GmbH, Köln

Bestell-Nr. 12 911

ISBN: 978-3-98558-305-8

Bildquellen © clipart.com

Inhalt

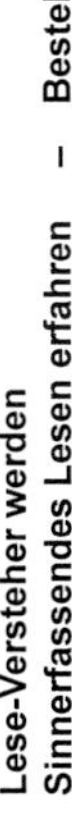

Inhalt

Vorwort

Liebes Trainingskind,

Lesen ist ein sehr wichtiger Grundbaustein für das Lernen. Die Fähigkeit zum Lesen (Lesefähigkeit) muss sich erst Schritt für Schritt entwickeln. Zuerst werden Symbole „gelesen“, danach werden Wortbilder erkannt. Im nächsten Schritt werden Buchstaben in Wörtern wiedererkannt, dann wird buchstabenweise gelesen und die Laute werden zusammengezogen. So entsteht „Lesen“. Die Fähigkeit zu Lesen muss stets geübt & trainiert werden, bis letztlich das automatische Lesen funktioniert.

In diesem Trainingsbuch findest du viele Übungen um deine Lesefähigkeit auszubauen und zu stärken. Diese Übungen sind leicht verständlich und können selbstständig erarbeitet werden. Mit Hilfe der Lösungen im Anhang kannst du deine Übungen selbst überprüfen.

Jetzt kann es losgehen, viel Spaß und Erfolg beim Lesen üben.

Liebe Grüße wünschen der Kohl-Verlag und

Petra Hartmann

Lesetraining für die Klassen 1 & 2
Die Übungen wurden erstellt von

Lernberaterin / Lerncoach
Diplomierte Legasthenie- und Dyskalkulietrainerin®

1 Lesetraining 1
Anlaute

KOHL VERLAG Lernen mit Erfolg
Lese-Versteher werden
Sinnerfassendes Lesen erfahren – Bestell-Nr. 12 911

1 Lesetraining 2
Anlaute

E

2 Lesetraining 3
Endlaute

t

KOHL VERLAG
Lese-Versteher werden – Sinnerfassendes Lesen erfahren – Bestell-Nr. 12 911

❷ Lesetraining 4 Endlaute

e

❸ Lesetraining 5
Verbinde.

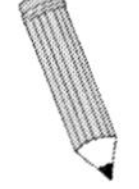

Wörter

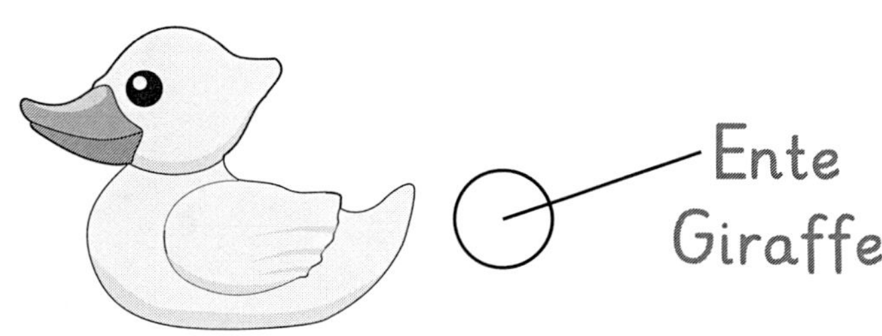

Ente
Giraffe

Esel
Biene

Hund
Pinguin

Katze
Wal

KOHL VERLAG Lese-Versteher werden
Sinnerfassendes Lesen erfahren – Bestell-Nr. 12 911

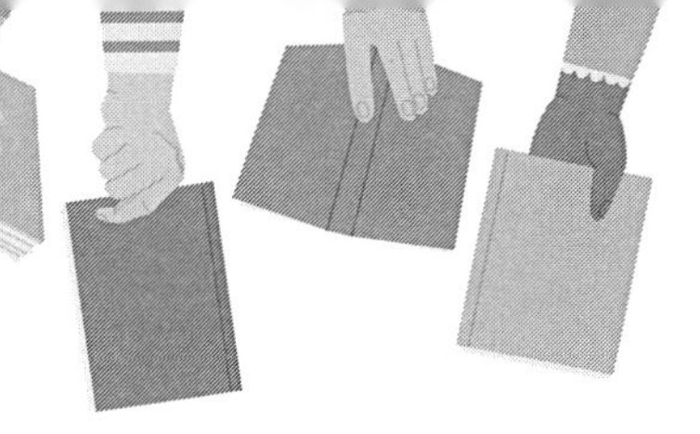

3 Lesetraining 6
Verbinde.

Wörter

Fuchs
Maus

Bär
Ziege

Kuh
Affe

Igel
Elefant

4 Lesetraining 7
Verbinde.

Wörter

Stuhl

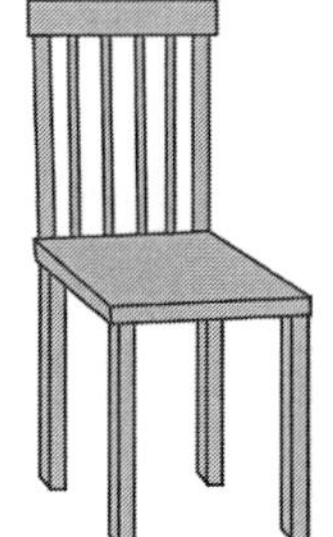

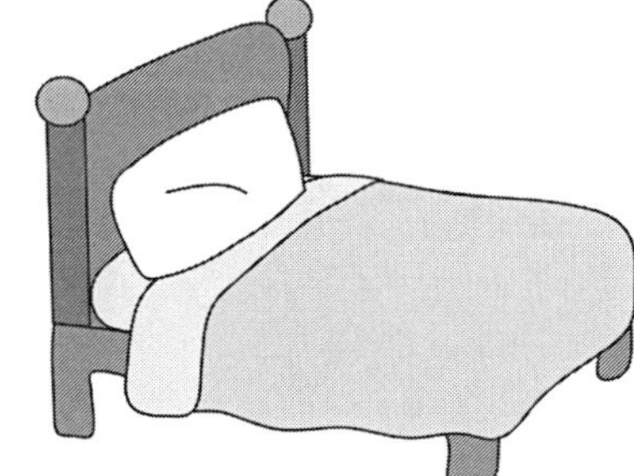

Bett

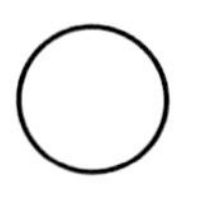

Sofa

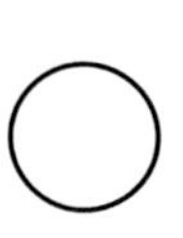

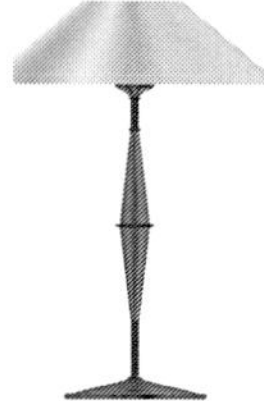

4 Lesetraining 8
Verbinde.

Wörter

Hammer

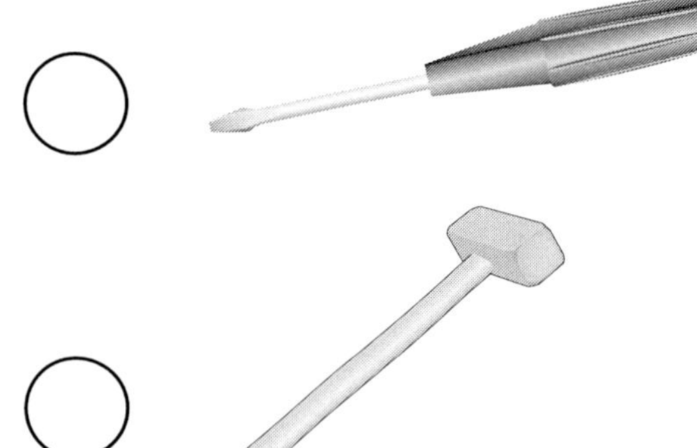

Zange

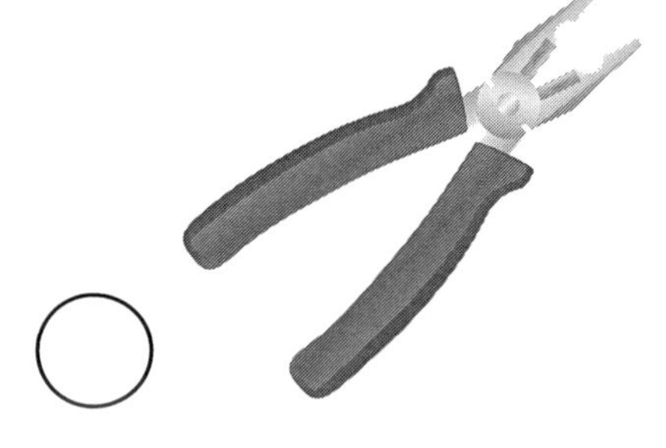

Schraube

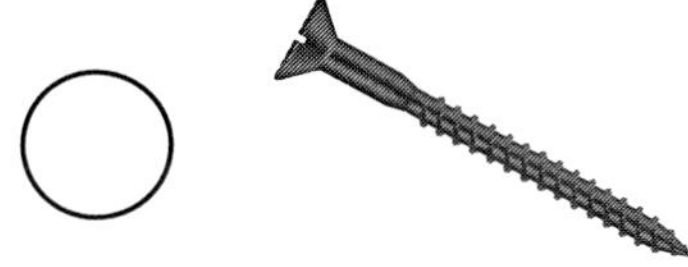

KOHL VERLAG Lese-Versteher werden
Sinnerfassendes Lesen erfahren – Bestell-Nr. 12 911

4 Lesetraining 9
Verbinde.

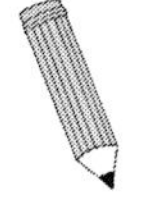

Wörter

Apfel

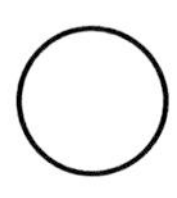

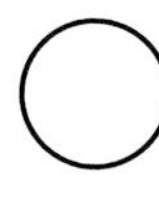

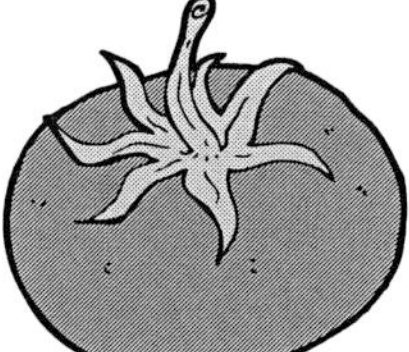

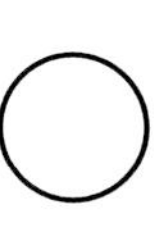

Zitrone

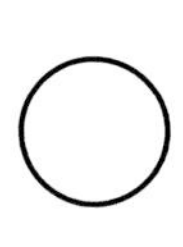

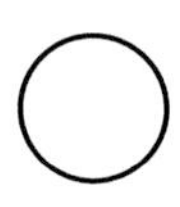

Kirsche

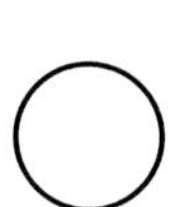

KOHL VERLAG Lese-Versteher werden
Sinnerfassendes Lesen erfahren – Bestell-Nr. 12 911

❹ Lesetraining 10
Verbinde.

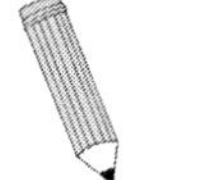

Wörter

Möhre

Salat

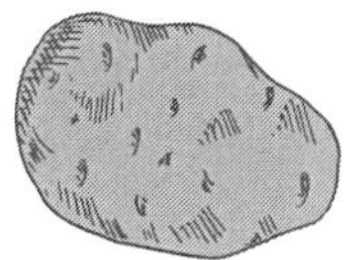

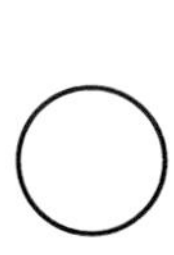

Zwiebel

KOHL VERLAG
Lese-Versteher werden
Sinnerfassendes Lesen erfahren – Bestell-Nr. 12 911

5 Lesetraining 11
Verbinde.

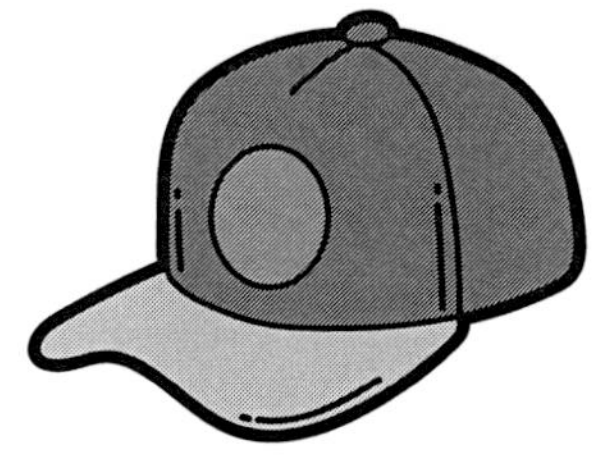

◯ Pfütze
◯ Mütze

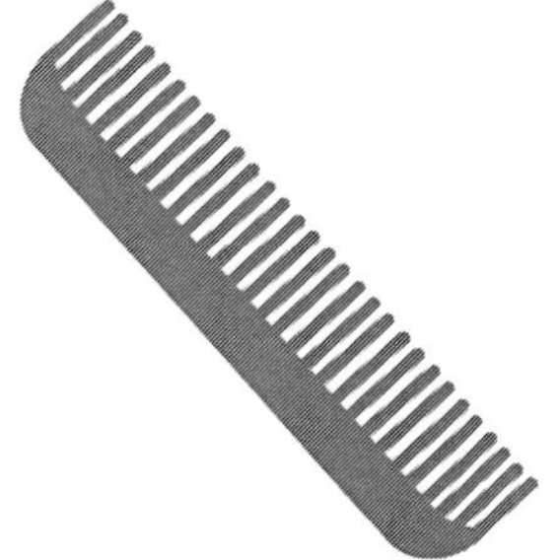

◯ Kamm
◯ Lamm

◯ Tanne
◯ Kanne

◯ Suppe
◯ Puppe

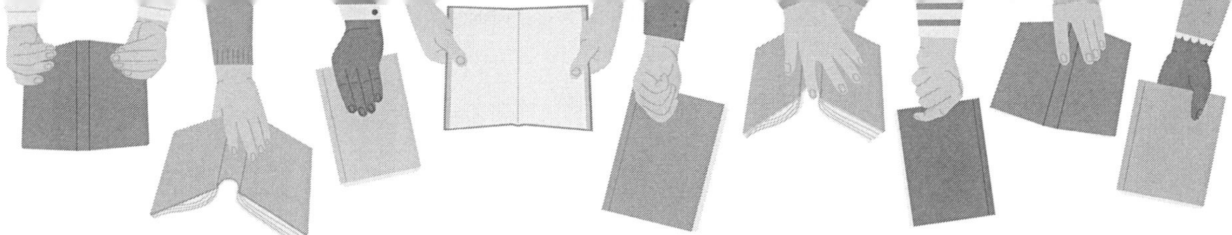

5 Lesetraining 12
Verbinde.

Reimwörter

○ Tasse
○ Kasse

○ Löwe
○ Möwe

○ Tonne
○ Sonne

○ Fliege
○ Wiege

5 Lesetraining 13
Verbinde.

○ Pfote
○ Note

○ Pfeil
○ Seil

○ Pferd
○ Herd

○ Pfahl
○ Zahl

KOHL VERLAG Lernen mit Erfolg
Lese-Versteher werden
Sinnerfassendes Lesen erfahren – Bestell-Nr. 12 911

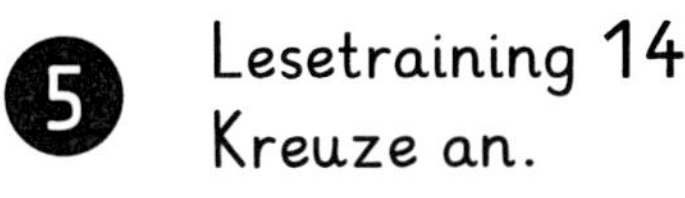

5 Lesetraining 14
Kreuze an.

Reimwörter

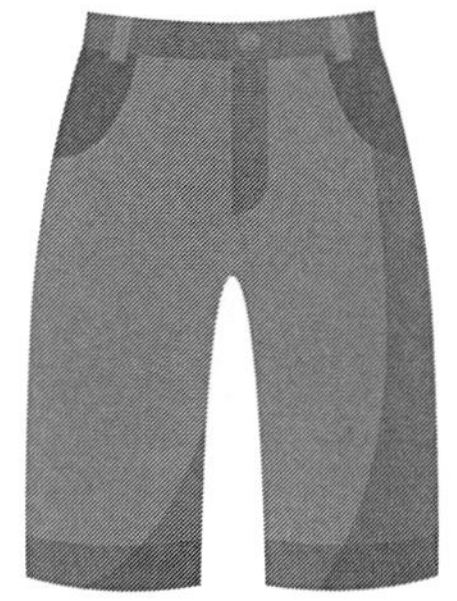

- ○ Rose
- ○ Dose
- ⊗ Hose

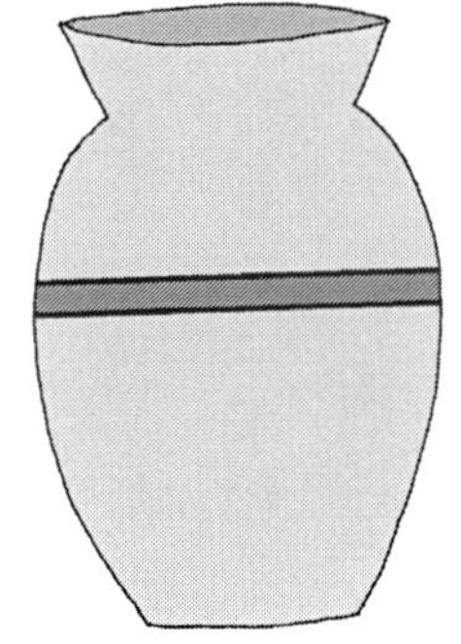

- ○ Nase
- ○ Vase
- ○ Hase

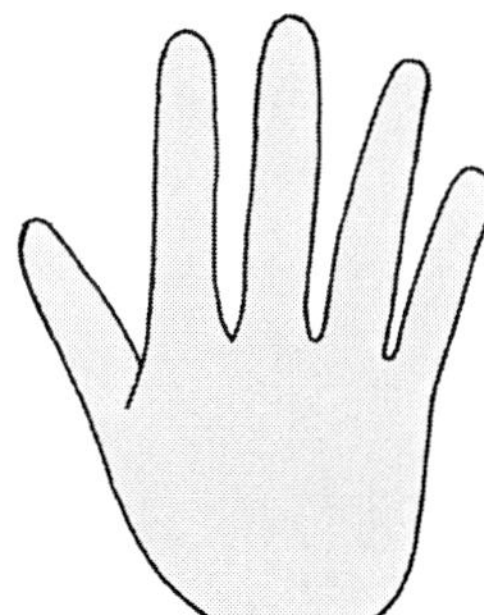

- ○ Wand
- ○ Hand
- ○ Band

KOHL VERLAG Lese-Versteher werden
Sinnerfassendes Lesen erfahren – Bestell-Nr. 12 911

5 Lesetraining 15
Kreuze an.

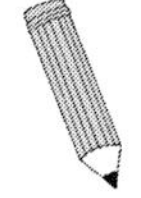

Reimwörter

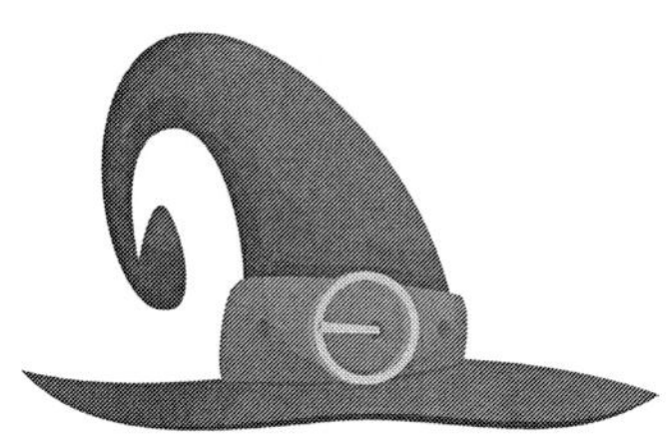

- ○ Wut
- ○ Hut
- ○ Mut

- ○ Mund
- ○ Wund
- ○ Hund

- ○ Maus
- ○ Haus
- ○ Laus

5 Lesetraining 16
Kreuze an.

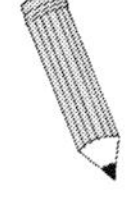

Reimwörter

- ◯ Kopf
- ◯ Zopf
- ◯ Topf

- ◯ Futter
- ◯ Butter
- ◯ Kutter

- ◯ Traum
- ◯ Raum
- ◯ Baum

KOHL VERLAG Lese-Versteher werden Sinnerfassendes Lesen erfahren – Bestell-Nr. 12 911

6 Lesetraining 17
Kreuze an.

Wörter

Was gehört zusammen? (z. B. Stift und Papier)

Suppe und

○ Gabel ⊗ Löffel ○ Messer

Mütze und

○ Hut ○ Kapuze ○ Schal

Schlüssel und

○ Karte ○ Schloss ○ Handy

Mond und

○ Sterne ○ Wolken ○ Regen

KOHL VERLAG Lese-Versteher werden
Sinnerfassendes Lesen erfahren – Bestell-Nr. 12 911

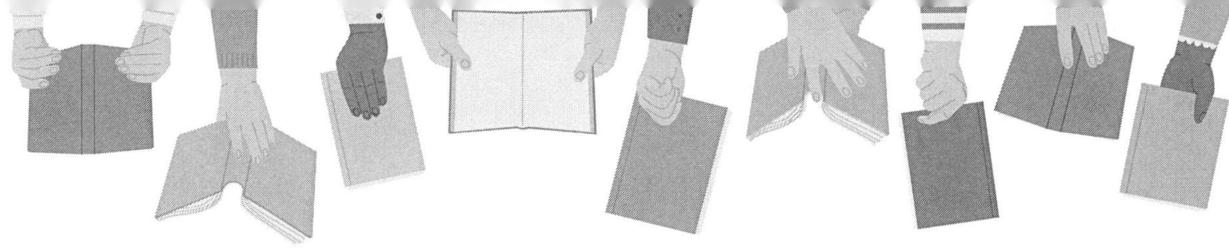

6 Lesetraining 18
Kreuze an.

Wörter

Was gehört zusammen? (z. B. Stift und Papier)

Socken und

○ Schlauch ○ Schiff ○ Schuhe

Badewanne und

○ Steine ○ Schaum ○ Sand

Stuhl und

○ Teppich ○ Tisch ○ Tasse

Wäsche und

○ Kasse ○ Kino ○ Korb

6 Lesetraining 19
Kreuze an.

Wörter

Was gehört zusammen? (z. B. Stift und Papier)

Regen und

○ Schnee ○ Schirm ○ Schwamm

Hund und

○ Kleid ○ Knopf ○ Knochen

Nadel und

○ Fisch ○ Faden ○ Frost

Eis und

○ Sahne ○ Sonne ○ Sonntag

KOHL VERLAG
Lese-Versteher werden
Sinnerfassendes Lesen erfahren – Bestell-Nr. 12 911

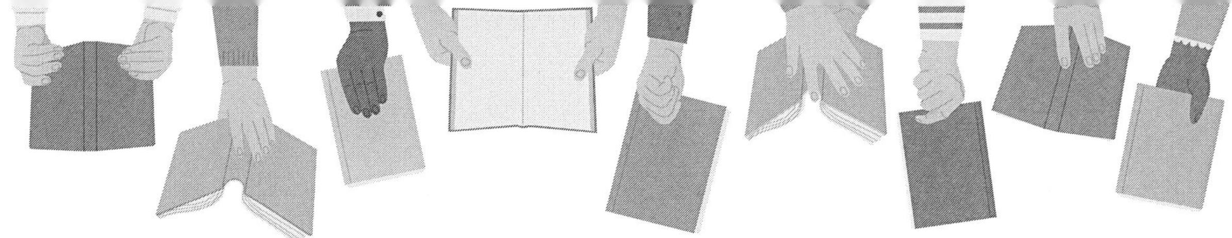

6 Lesetraining 20
Kreuze an.

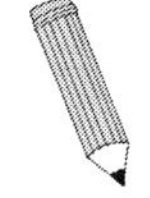

Wörter

Was gehört zusammen? (z. B. Stift und Papier)

Haare und

○ Bart ○ Bürste ○ Bild

Brot und

○ Wurst ○ Wind ○ Wand

Blumen und

○ Engel ○ Erde ○ Esel

Kuchen und

○ Teller ○ Torte ○ Tag

7 Lesetraining 21
Kreuze an.

Buchstaben verbinden

Ring

- ○ Dinge
- ☒ Ring
- ○ Finger

Eimer

- ○ Breite
- ○ Leiter
- ○ Eimer

Laterne

- ○ Laterne
- ○ Sterne
- ○ Ferne

Zaun

- ○ Baum
- ○ Traum
- ○ Zaun

KOHL VERLAG
Lese-Versteher werden

7 Lesetraining 22
Kreuze an.

Buchstaben verbinden

Raupe

- ◯ Taufe
- ◯ Auge
- ◯ Raupe

Löwe

- ◯ Möwe
- ◯ Löwe
- ◯ Kröte

Fisch

- ◯ Tisch
- ◯ Licht
- ◯ Fisch

Schlange

- ◯ Schlange
- ◯ Stange
- ◯ Wange

7 Lesetraining 23
Kreuze an.

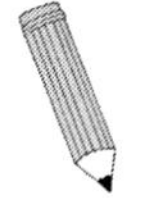

Buchstaben verbinden

Birne

- ◯ Stirn
- ◯ Birne
- ◯ Biene

Apfel

- ◯ Tafel
- ◯ Apfel
- ◯ Harfe

Zitrone

- ◯ Patrone
- ◯ Melone
- ◯ Zitrone

Beere

- ◯ Meer
- ◯ Beere
- ◯ Berge

KOHL VERLAG Lese-Versteher werden Sinnerfassendes Lesen erfahren • Bestell-Nr. 12 911

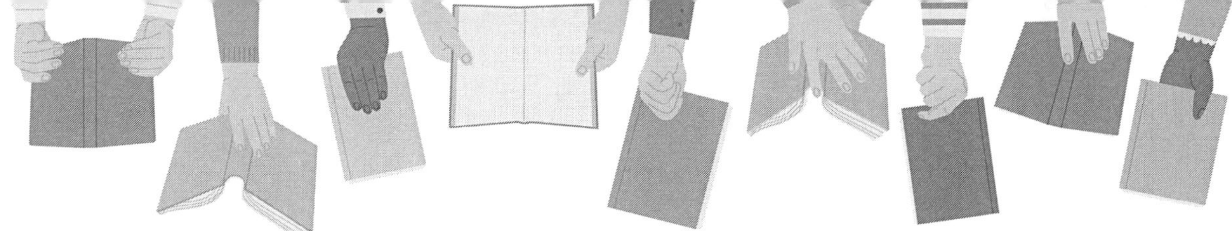

 Lesetraining 24
Kreuze an. 

Buchstaben verbinden

Kopf

- ◯ Topf
- ◯ Zopf
- ◯ Kopf

Nase

- ◯ Hase
- ◯ Vase
- ◯ Nase

Arme

- ◯ Amt
- ◯ Warm
- ◯ Arme

Beine

- ◯ Beine
- ◯ Steine
- ◯ Leine

KOHL VERLAG Lese-Versteher werden
Sinnerfassendes Lesen erfahren – Bestell-Nr. 12 911

8 Lesetraining 25
Kreuze an.

Silben

Bril	le	○	○	
Tas	se	○	○	
Löf	fel	○	○	
Tan	ne	○	○	
Tel	ler	○	○	
Ton	ne	○	○	

KOHL VERLAG Lese-Versteher werden Sinnerfassendes Lesen erfahren – Bestell-Nr. 12 911

8 Lesetraining 26
Kreuze an. 

Silben

Flag | ge  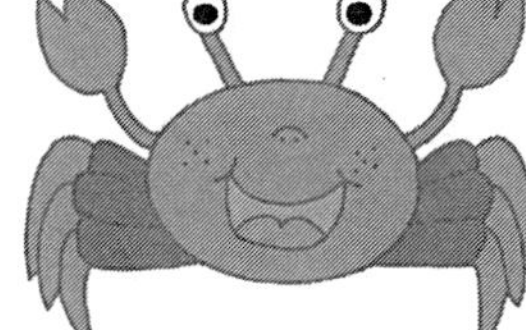

Gi | tar | re 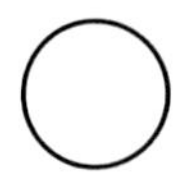 

Krab | be   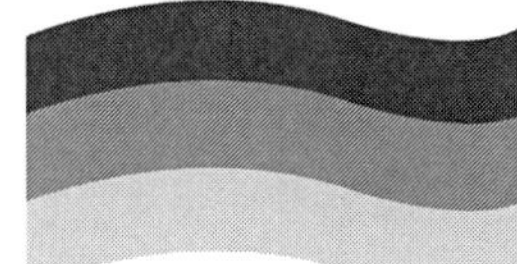

Bag | ger  

Rob | be  

Ted | dy  

8 Lesetraining 27
Kreuze an.

Silben

Trep | pe 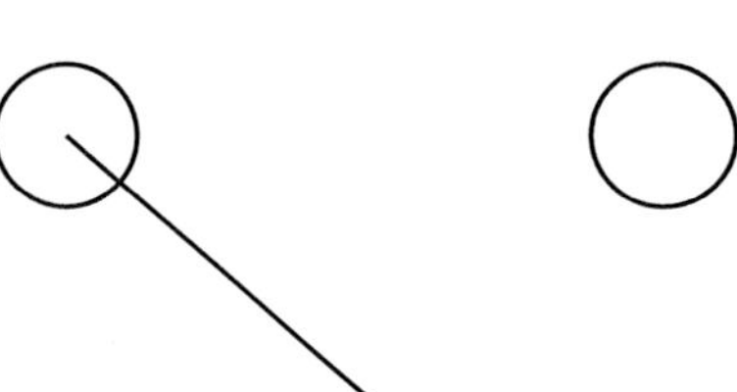 

Kof | fer  

But | ter 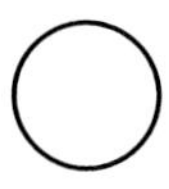 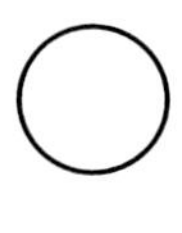 

Kis | sen 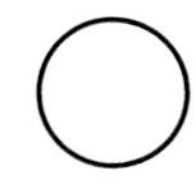 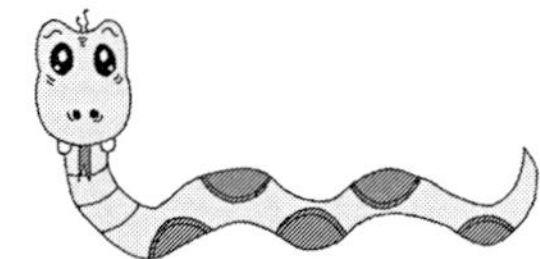

Af | fe  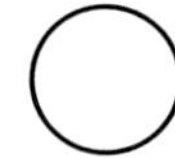 

Nat | ter  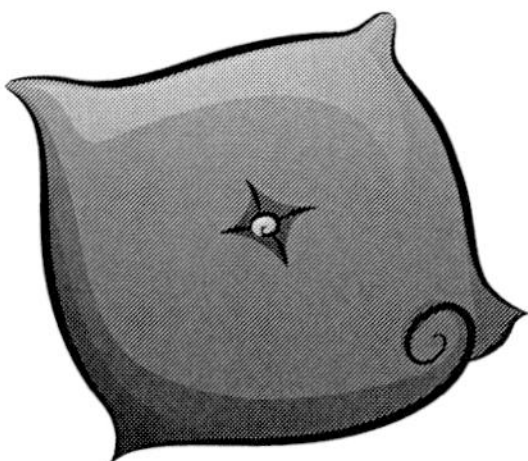

KOHL VERLAG
Lese-Versteher werden
Sinnerfassendes Lesen erfahren ■ Bestell-Nr. 12 911

8 Lesetraining 28
Kreuze an.

Silben

Wie se

Lie ge

Bie ne

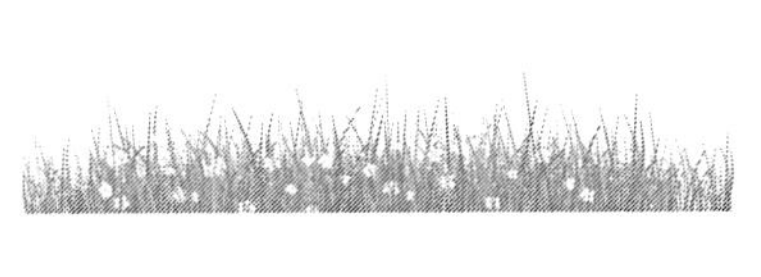

Zie gel

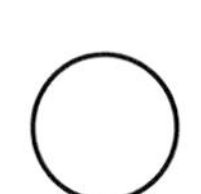

Zwie bel

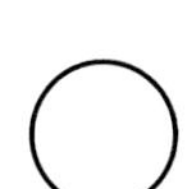

Spie gel

KOHL VERLAG
Lese-Versteher werden
Sinnerfassendes Lesen erfahren – Bestell-Nr. 12 911

8 Lesetraining 29
Kreuze an.

Silben

Räu | me

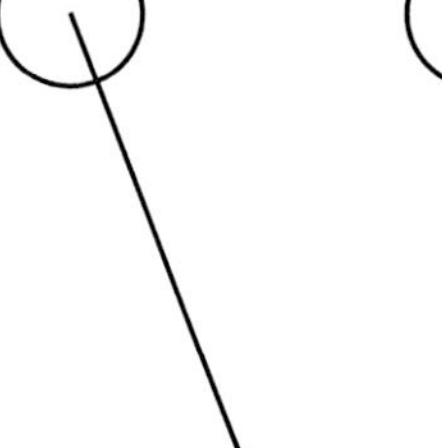

Bäu | me

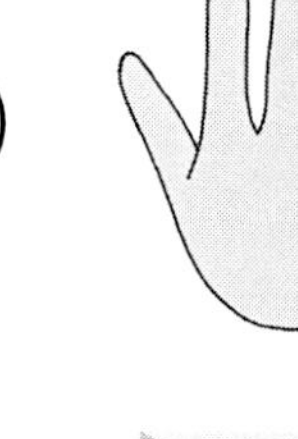

Hän | de

Gän | se

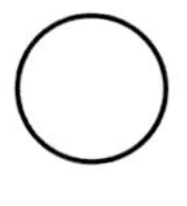

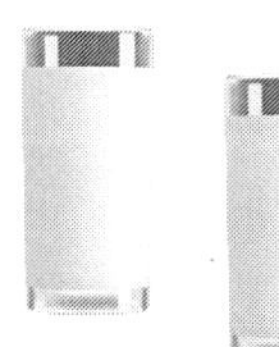

Glä | ser

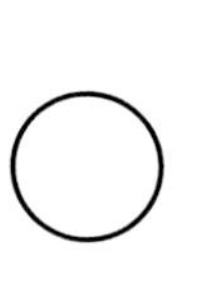

Schrän | ke

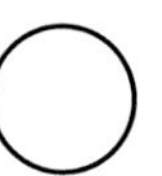

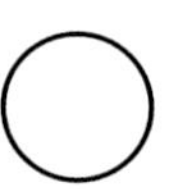

KOHL VERLAG Lese-Versteher werden Sinnerfassendes Lesen erfahren – Bestell-Nr. 12 911

8 Lesetraining 30
Kreuze an.

Silben

Kör be ○ ○

Strüm pfe ○ ○ 

Vö gel ○ ○ 

Hü te ○ ○ 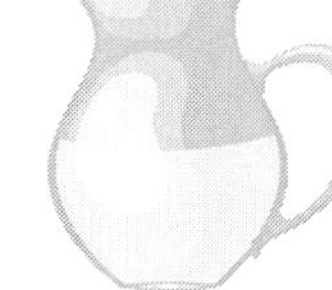 

Tür me ○ ○ 

Krü ge ○ ○ 

KOHL VERLAG
Lese-Versteher werden
Sinnerfassendes Lesen erfahren – Bestell-Nr. 12 911

9 Lesetraining 31
Kreuze an.

Mehrzahl

die Ampel ○	○ die Bilder
das Bild ○	○ die Dosen
die Dose ○	○ die Ampeln

die Ente ○	○ die Gäste
der Fisch ○	○ die Enten
der Gast ○	○ die Fische

das Haus ○	○ die Jacken
die Jacke ○	○ die Körbe
der Korb ○	○ die Häuser

KOHL VERLAG
Lese-Versteher werden

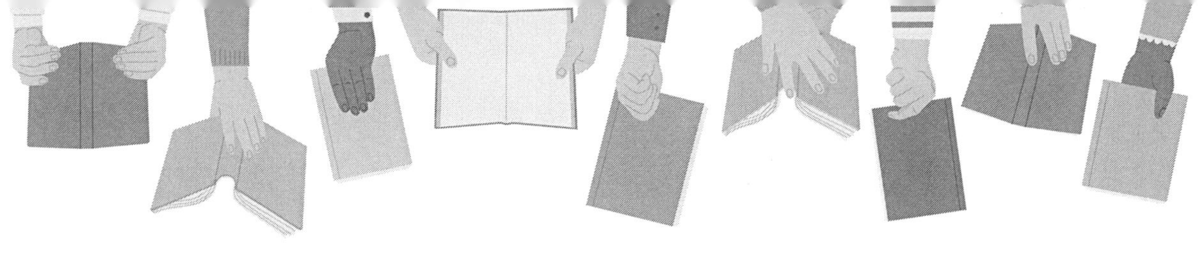

9 Lesetraining 32
Kreuze an.

Mehrzahl

das Licht	○	○	die Melonen
die Melone	○	○	die Nächte
die Nacht	○	○	die Lichter

der Ofen	○	○	die Quallen
die Puppe	○	○	die Öfen
die Qualle	○	○	die Puppen

der Rock	○	○	die Säfte
der Saft	○	○	die Taschen
die Tasche	○	○	die Röcke

KOHL VERLAG Lese-Versteher werden
Sinnerfassendes Lesen erfahren – Bestell-Nr. 12 911

9 Lesetraining 33
Kreuze an.

Mehrzahl

die Uhr	die Vasen
die Vase	die Wände
die Wand	die Uhren

der Zug	die Zähne
der Zopf	die Züge
der Zahn	die Zöpfe

der Hut	die Töpfe
der Topf	die Wälder
der Wald	die Hüte

KOHL VERLAG
Lese-Versteher werden
Sinnerfassendes Lesen erfahren – Bestell-Nr. 12 911

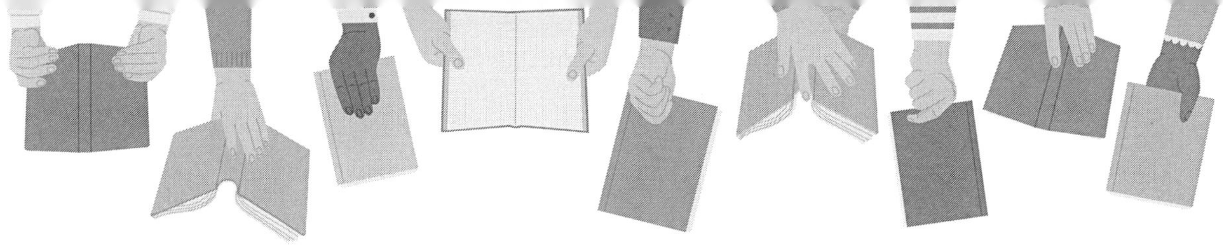

9 Lesetraining 34
Kreuze an.

Mehrzahl

die Schlange	○	○	die Schleifen
die Schnecke	○	○	die Schlangen
die Schleife	○	○	die Schnecken

der Stein	○	○	die Stangen
die Stange	○	○	die Sterne
der Stern	○	○	die Steine

die Spinne	○	○	die Schwäne
das Spiel	○	○	die Spinnen
der Schwan	○	○	die Spiele

KOHL VERLAG Lese-Versteher werden
Sinnerfassendes Lesen erfahren – Bestell-Nr. 12 911

10 Lesetraining 35
Kreuze an.

Sätze

- [x] Der Bus fährt.
- [ ] Der Bus fliegt.

- [ ] Das Auto hat Schuhe.
- [ ] Das Auto hat Räder.

- [ ] Der Fisch liebt Wasser.
- [ ] Der Fisch liebt Sand.

KOHL VERLAG Lese-Versteher werden Sinnerfassendes Lesen erfahren – Bestell-Nr. 12 911

Lesetraining 36
Kreuze an.

Sätze

○ Die Feder ist schwer.

○ Die Feder ist leicht.

○ Der Ball rollt.

○ Der Ball tanzt.

○ Das Telefon klingelt.

○ Das Telefon quengelt.

Lesetraining 37
Kreuze an.

- ◯ Timo legt die Küche.
- ◯ Timo fegt die Küche.

- ◯ Felix liegt am Strand.
- ◯ Felix biegt am Strand.

- ◯ Opa spitzt im Zug.
- ◯ Opa sitzt im Zug.

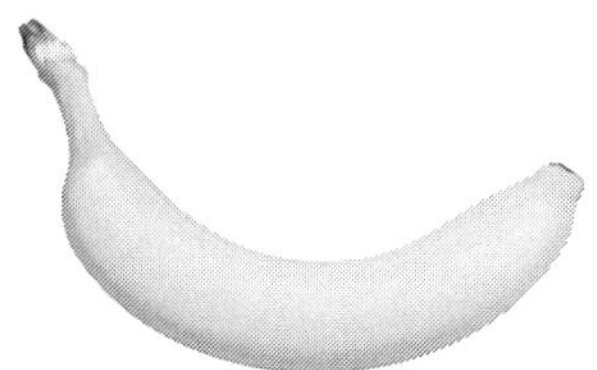

- ◯ Die Affen fressen Bananen.
- ◯ Die Affen messen Bananen.

KOHL VERLAG
Lese-Versteher werden

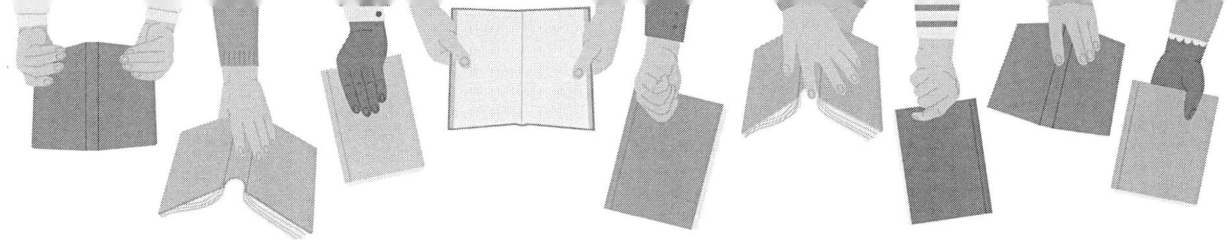

10 Lesetraining 38
Kreuze an.

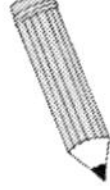

Sätze

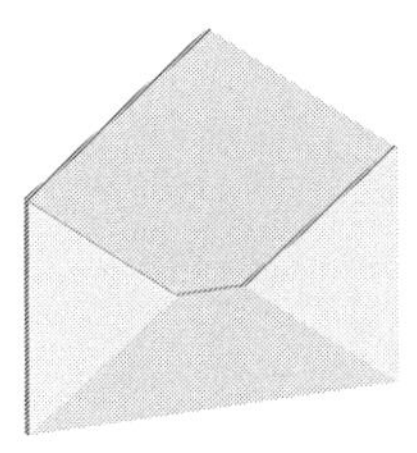

- ◯ Briefe kommen mit der Post.
- ◯ Briefe trommeln mit der Post.

- ◯ Pflanzen fauchen Wasser.
- ◯ Pflanzen brauchen Wasser.

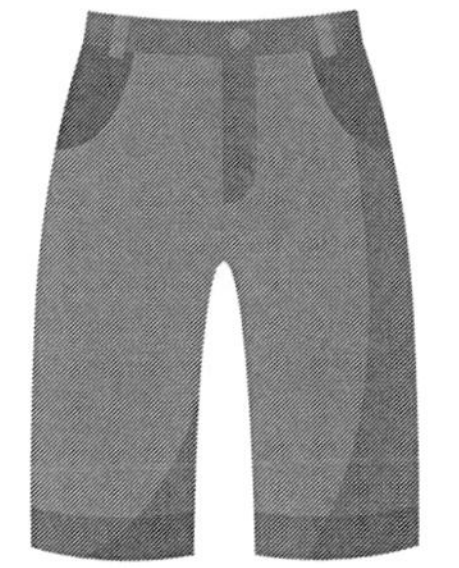

- ◯ Die Hose ist schmutzig.
- ◯ Die Hose ist lustig.

- ◯ Fische haben Flossen.
- ◯ Fische haben Sprossen.

KOHL VERLAG Lese-Versteher werden
Sinnerfassendes Lesen erfahren – Bestell-Nr. 12 911

10 Lesetraining 39
Kreuze an.

Sätze

- ◯ Auf der Baustelle ist es leise.
- ◯ Auf der Baustelle ist es laut.

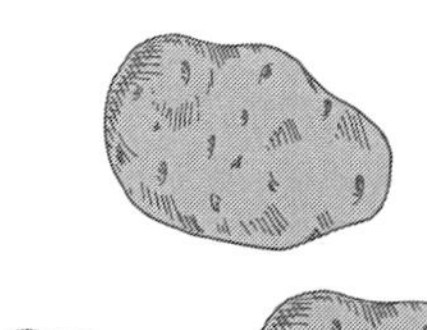

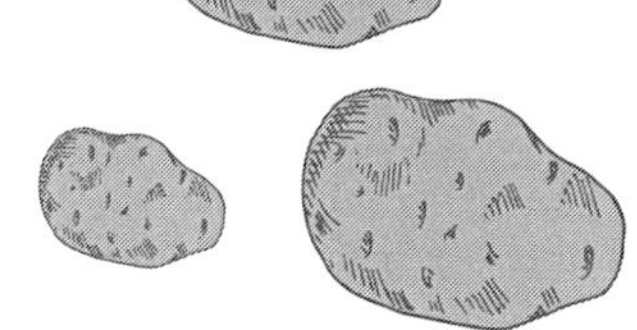

- ◯ Im Topf kochen Kartoffeln.
- ◯ Im Topf kochen Pantoffeln.

- ◯ Auf dem Bauernhof leben Tiere.
- ◯ Auf dem Bauernhof kleben Tiere.

- ◯ Im Winter ist es heiß.
- ◯ Im Winter ist es kalt.

KOHL VERLAG Lernen mit Erfolg
Lese-Versteher werden
Sinnerfassendes Lesen erfahren – Bestell-Nr. 12 911

 Lesetraining 40
Kreuze an.

Sätze

- ◯ Der Hut hat ein Loch.
- ◯ Der Hut hat kein Loch.

- ◯ Der Hut liegt auf dem Buch.
- ◯ Der Hut liegt nicht auf dem Buch.

- ◯ Der Hut liegt neben dem Buch.
- ◯ Der Hut liegt nicht neben dem Buch.

- ◯ Der Hut liegt nicht unter dem Buch.
- ◯ Der Hut liegt unter dem Buch.

KOHL VERLAG
Lese-Versteher werden
Sinnerfassendes Lesen erfahren – Bestell-Nr. 12 911

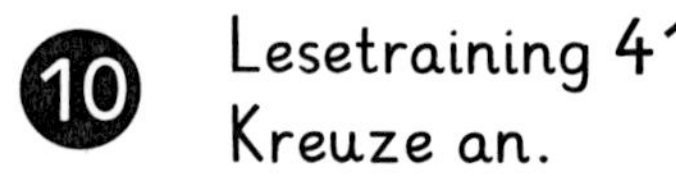

10 Lesetraining 41
Kreuze an.

Sätze

- ◯ Der Apfel ist nicht im Eimer.
- ◯ Der Apfel ist im Eimer.

- ◯ Der Apfel liegt vor dem Eimer.
- ◯ Der Apfel liegt nicht vor dem Eimer.

- ◯ Der Apfel liegt unter dem Eimer.
- ◯ Der Apfel liegt neben dem Eimer.

- ◯ Der Apfel liegt nicht hinter dem Eimer.
- ◯ Der Apfel liegt hinter dem Eimer.

KOHL VERLAG
Lese-Versteher werden
Sinnerfassendes Lesen erfahren – Bestell-Nr. 12 911

Lesetraining 42
Kreuze an.

Sätze

- ◯ Der Elefant steht vor dem Baum.
- ◯ Der Elefant steht nicht vor dem Baum.

- ◯ Der Elefant steht vor dem Baum.
- ◯ Der Elefant steht nicht vor dem Baum.

- ◯ Der Elefant steht hinter dem Baum.
- ◯ Der Elefant steht nicht hinter dem Baum.

- ◯ Der Elefant ist nicht weg.
- ◯ Der Elefant ist weg.

KOHL VERLAG
Lese-Versteher werden
Sinnerfassendes Lesen erfahren – Bestell-Nr. 12 911

Lesetraining 43
Kreuze an.

Sätze

◯ Der Pilz hat keine Punkte.

◯ Der Pilz hat fünf Punkte.

◯ Der Pilz hat eine Blume.

◯ Der Pilz hat keine Blume.

◯ Der Pilz hat einen Vogel auf dem Kopf.

◯ Der Pilz hat keinen Vogel auf dem Kopf.

◯ Der Pilz hat eine runde Nase.

◯ Der Pilz hat keine runde Nase.

KOHL VERLAG
Lese-Versteher werden
Sinnerfassendes Lesen erfahren – Bestell-Nr. 12 911

10 Lesetraining 44
Kreuze an.

Sätze

○ Das Auto hat Räder.

○ Das Auto hat keine Räder.

○ Das Auto hat keine Frontscheibe.

○ Das Auto hat eine Frontscheibe.

○ Das Auto hat keine Scheinwerfer.

○ Das Auto hat Scheinwerfer.

○ Hinter dem Auto steht kein Baum.

○ Hinter dem Auto steht ein Baum.

KOHL VERLAG Lese-Versteher werden
Sinnerfassendes Lesen erfahren – Bestell-Nr. 12 911

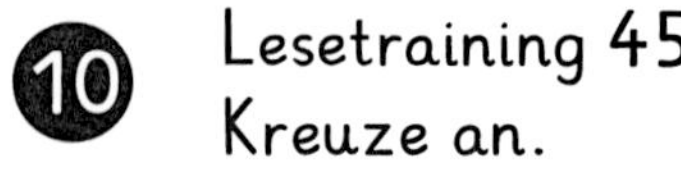

10 Lesetraining 45
Kreuze an.

Sätze

◯ Im Garten stehen keine Bäume.

◯ Im Garten stehen drei Bäume.

◯ Im Garten sind zwei Rosen.

◯ Im Garten sind keine Rosen.

◯ Im Garten lebt eine Schnecke.

◯ Im Garten lebt keine Schnecke.

◯ Im Garten gibt es Sonnenblumen.

◯ Im Garten gibt es keine Sonnenblumen.

KOHL VERLAG Lese-Versteher werden
Sinnerfassendes Lesen erfahren – Bestell-Nr. 12 911

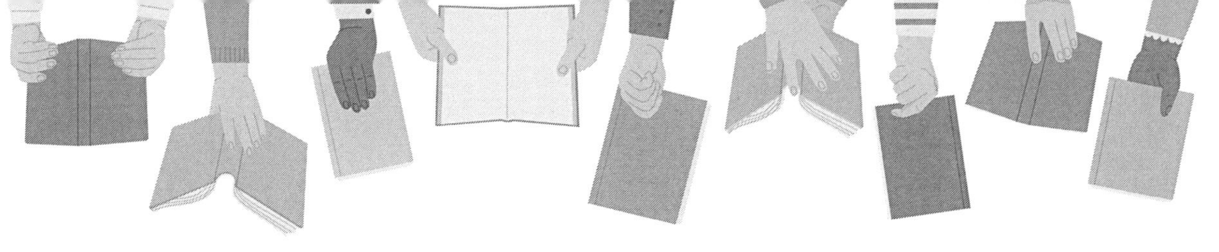

 Lesetraining 46 Male.

Zählen

Das zweite Herz ist grau.

Das vierte Herz ist grün.

Das erste Herz ist blau.

Das fünfte Herz ist gelb.

Lesetraining 47 Male.

Zählen

Der dritte und der fünfte Kreis sind lila.

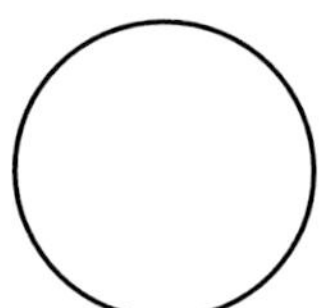 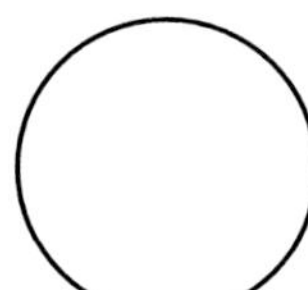 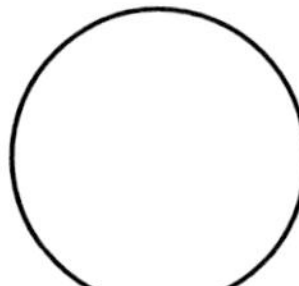 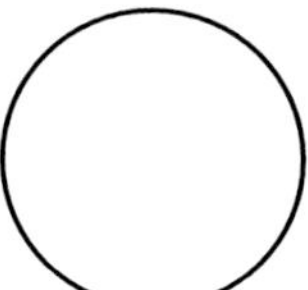 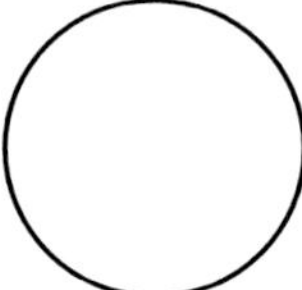

Der erste und der zweite Kreis sind gelb.

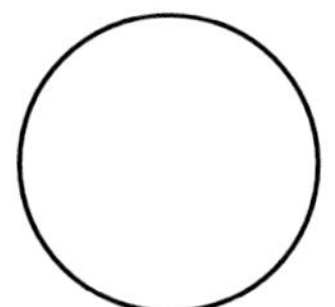 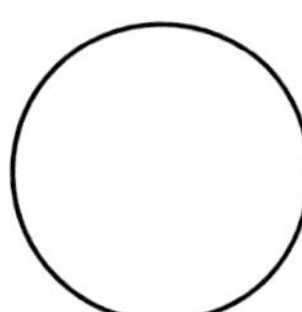 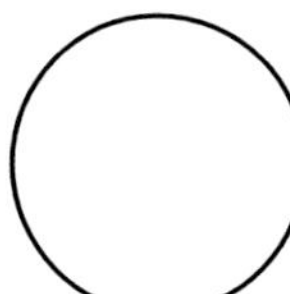 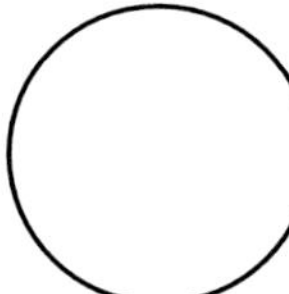 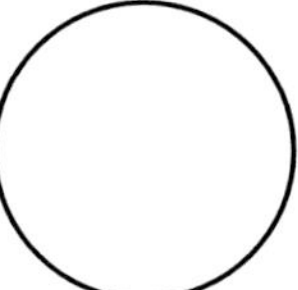

Der vierte und der fünfte Kreis sind braun.

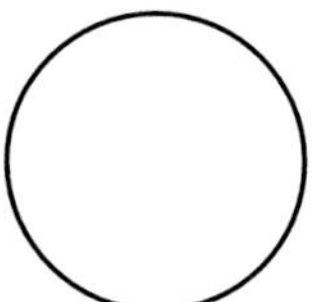 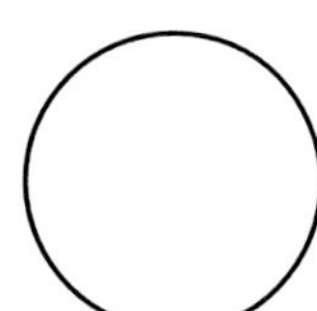 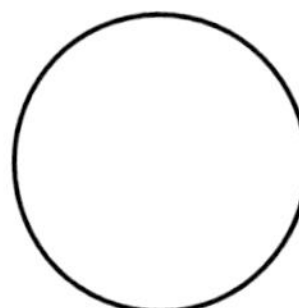 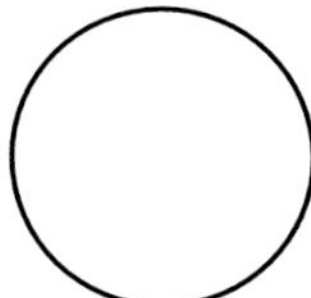 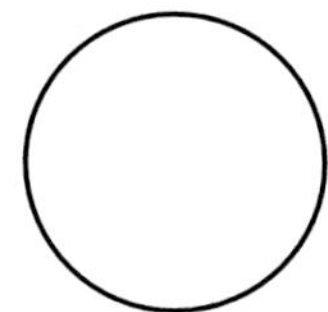

Der dritte und der vierte Kreis sind grün.

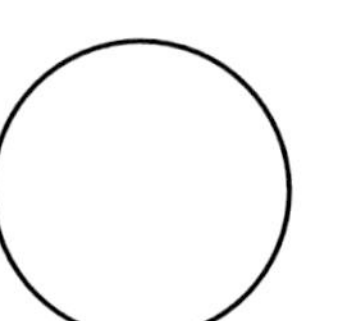 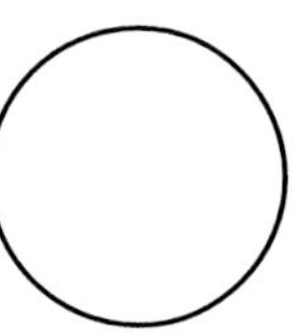 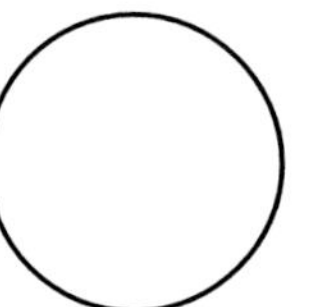 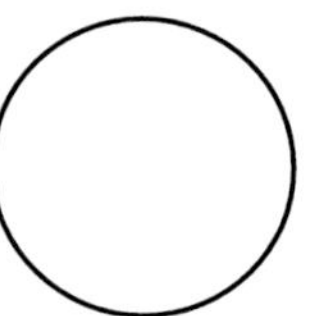 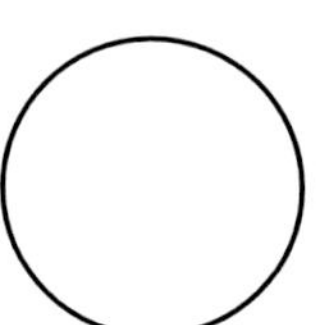

KOHL VERLAG Lese-Versteher werden

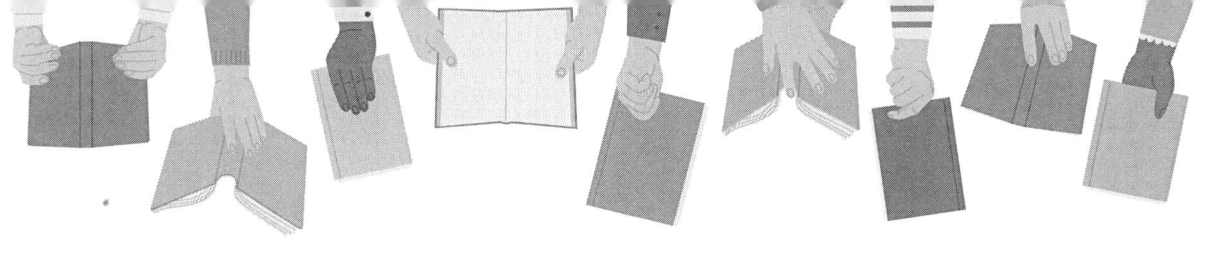

12 Lesetraining 48 Male.

Richtung

Der mittlere Stern ist grau.

Der linke Stern ist gelb.

Der rechte Stern ist gelb.

Der linke und der rechte Stern sind gelb.

Lesetraining 49 Male.

Richtung

Der Pfeil, der nach oben zeigt, ist blau.

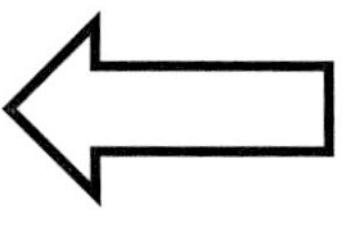  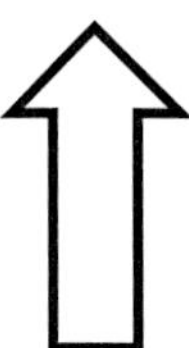 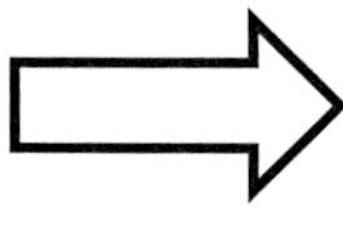

Der Pfeil, der nach unten zeigt, ist grün.

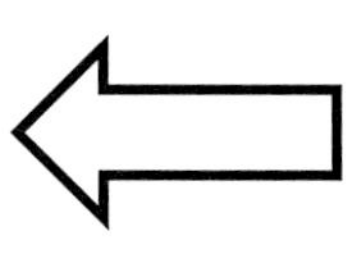   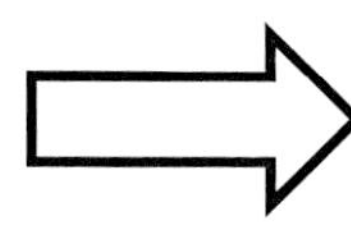

Der Pfeil, der nach rechts zeigt, ist orange.

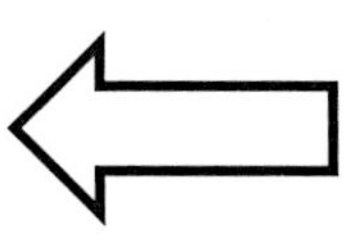   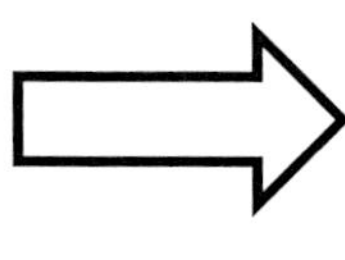

Der Pfeil, der nach links zeigt, ist lila.

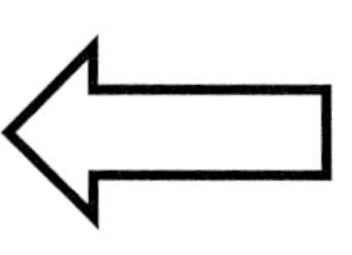  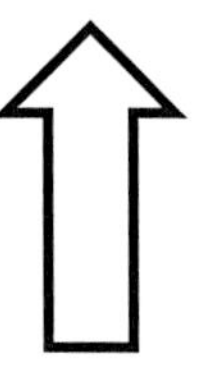 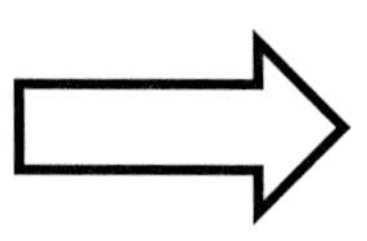

KOHL VERLAG Lese-Versteher werden Sinnerfassendes Lesen erfahren – Bestell-Nr. 12 911

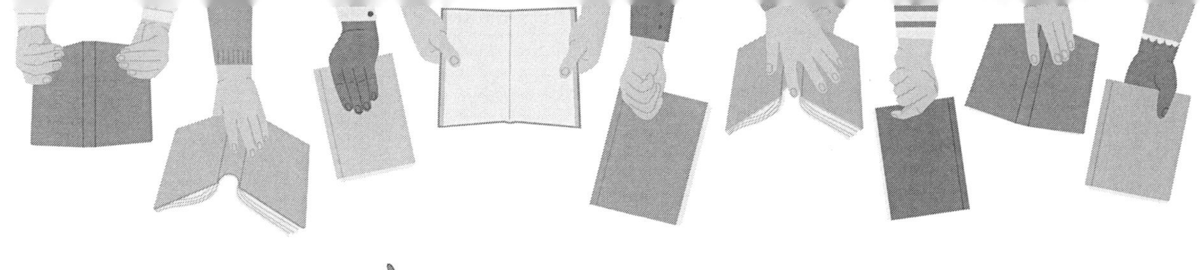

12 Lesetraining 50 Male.

Richtung

Der Mond ist hinter der Wolke.

Der Mond ist links neben der Wolke.

Der Mond ist vor der Wolke.

Der Mond ist rechts neben der Wolke.

KOHL VERLAG Lese-Versteher werden Sinnerfassendes Lesen erfahren – Bestell-Nr. 12 911

13 Lesetraining 51
Male.

Wortgrenzen

MALEDREIKREISE.

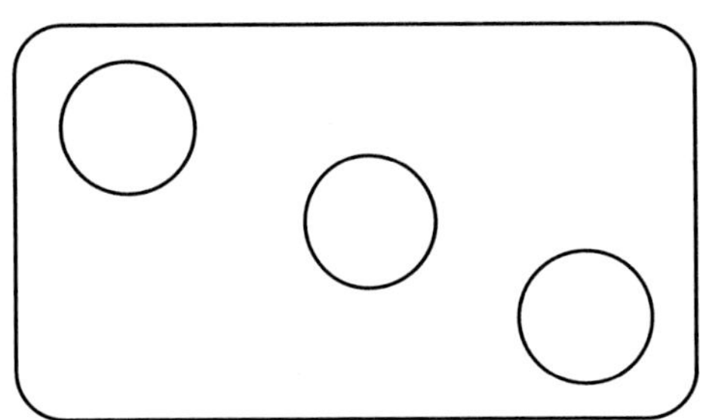

MALEZWEIHERZEN.

MALEEINENLUFTBALLON.

KOHL VERLAG Lese-Versteher werden Sinnerfassendes Lesen erfahren • Bestell-Nr. 12 911

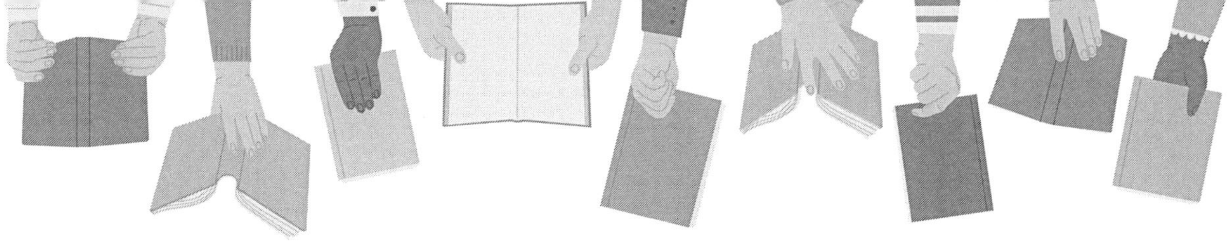

13 Lesetraining 52
Male.

Wortgrenzen

MALEVIERDREIECKE.

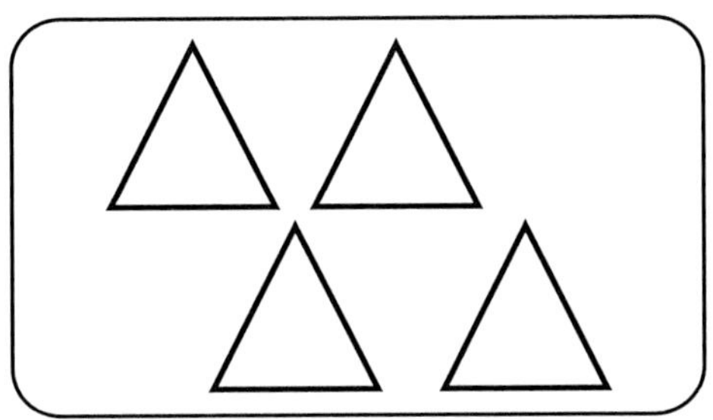

MALEFÜNFSTRICHE.

MALEEINEBLAUEWOLKE.

KOHL VERLAG Lese-Versteher werden
Sinnerfassendes Lesen erfahren – Bestell-Nr. 12 911

14 Lesetraining 53

EIN GEDICHT

Die Liese

Mitten auf der Wiese
steht eine Kuh namens Liese.

Sie mag es ruhig und entspannt
und ist bei allen Tieren bekannt.

Liese mag es gern zu reisen
und unterschiedlich zu speisen.

Am Abend kehrt sie heim
und schläft auf der Wiese ein.

KOHL VERLAG
Lese-Versteher werden
Sinnerfassendes Lesen erfahren – Bestell-Nr. 12 911

14 Lesetraining 54

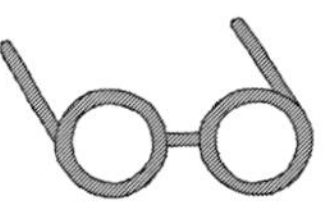

EIN GEDICHT

Der Rolf

Der alte Wolf Rolf,
der so gerne golft,
steht auf der Wiese neben Liese.

Er ist fokussiert und konzentriert,
aber frustriert, weil er das Spiel
verliert.

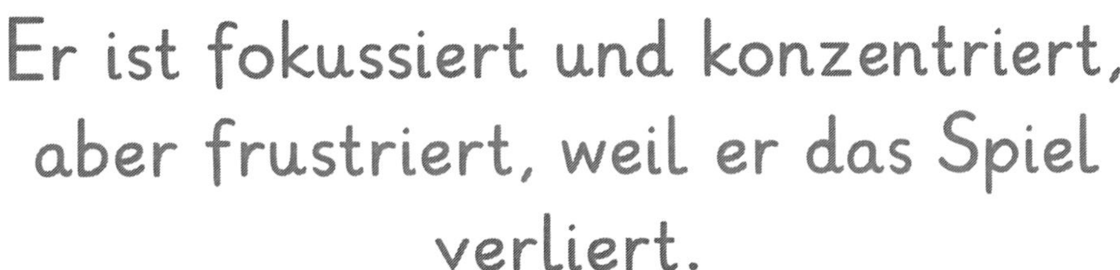

Doch die Liese in der kühlen Brise
bleibt entspannt; die Gefahr ist
gebannt.

15 Lösungen

Seite 6

1 Lesetraining 1
Anlaute

E

B

I

A

K

Z

M

Seite 7

1 Lesetraining 2
Anlaute

E

G

B

E

P

H

K

Seite 8

2 Lesetraining 3
Endlaute

t

r

l

e

h

e

s

Seite 9

2 Lesetraining 4
Endlaute

e

e

e

l

n

d

e

KOHL VERLAG
Lese-Versteher werden
Sinnerfassendes Lesen erfahren – Bestell-Nr. 12 911

15 Lösungen

Seite 10

3 Lesetraining 5 Verbinde.  Wörter

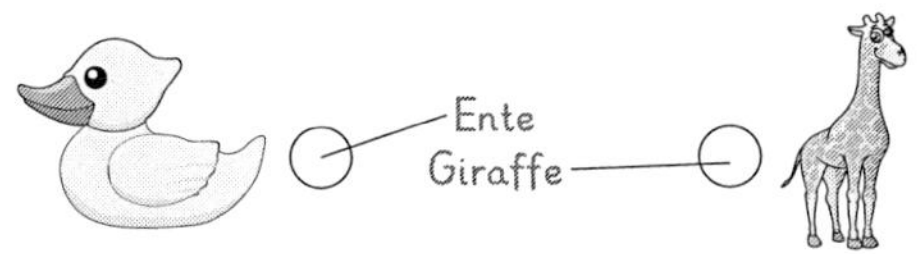

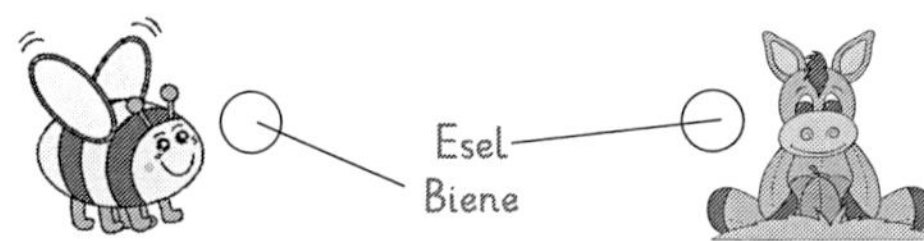

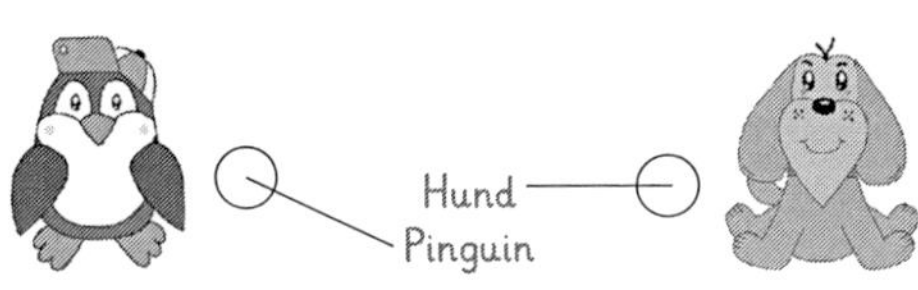

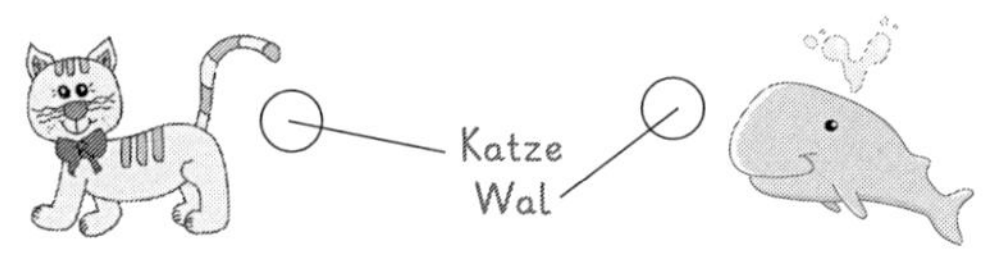

Seite 11

3 Lesetraining 6 Verbinde. Wörter

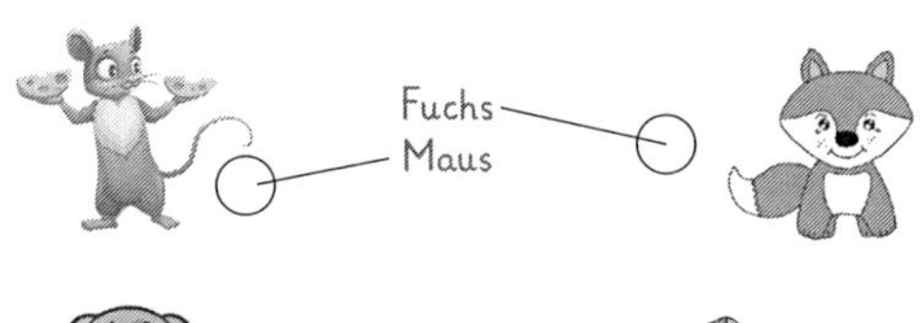

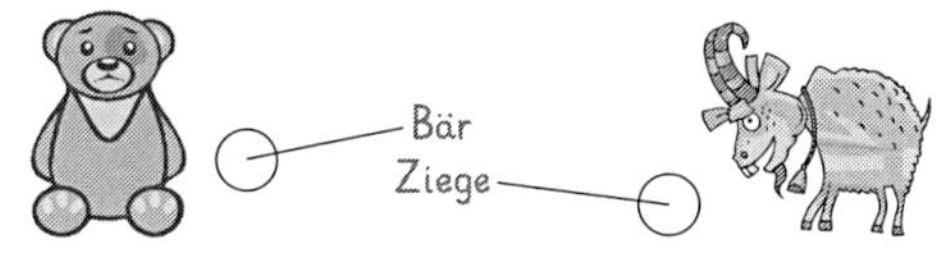

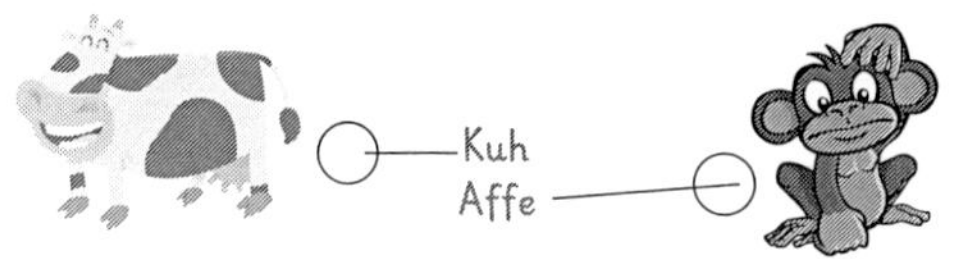

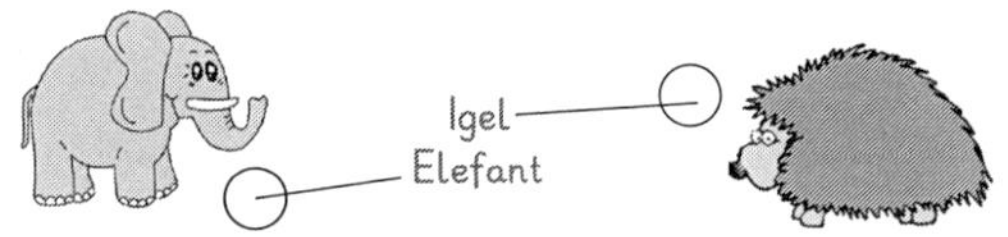

Seite 12

4 Lesetraining 7 Verbinde.  Wörter

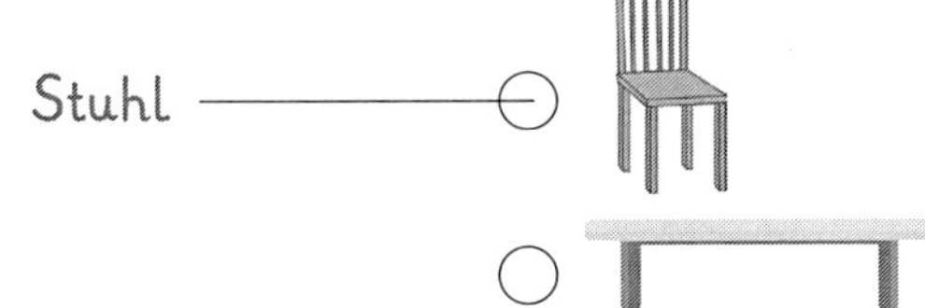

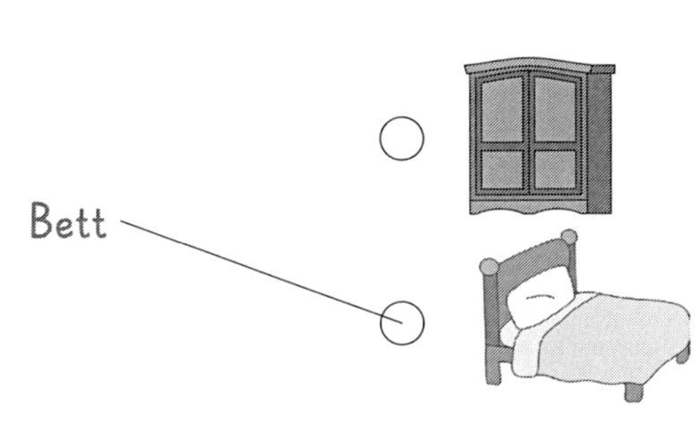

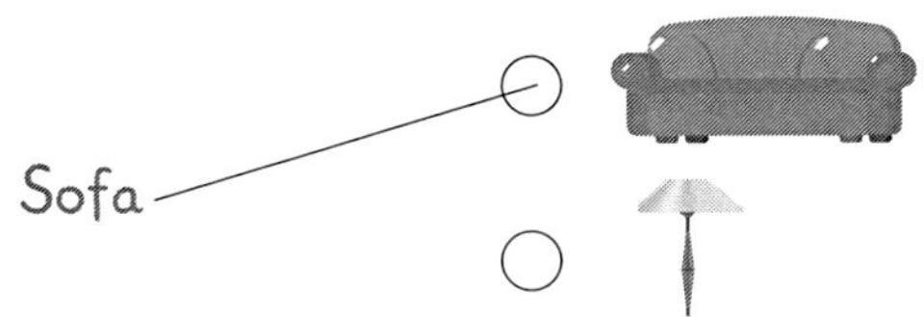

Seite 13

4 Lesetraining 8 Verbinde. Wörter

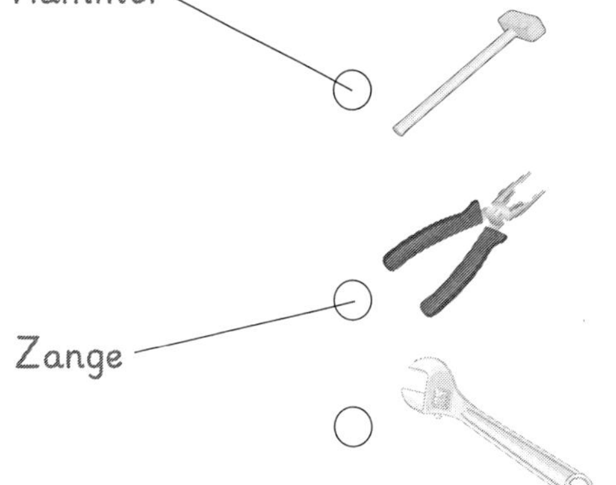

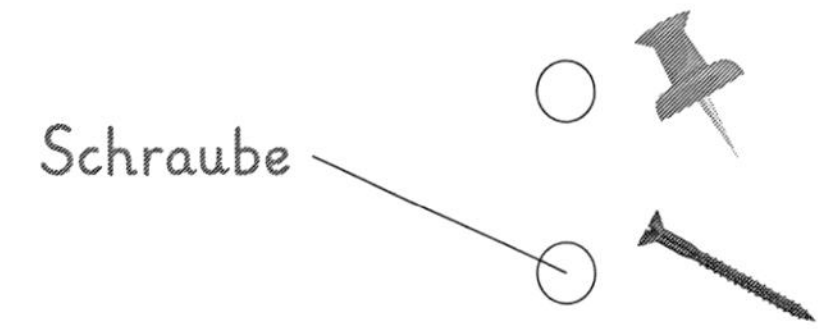

KOHL VERLAG Lese-Versteher werden
Sinnerfassendes Lesen erfahren – Bestell-Nr. 12 911

15 Lösungen

Seite 14

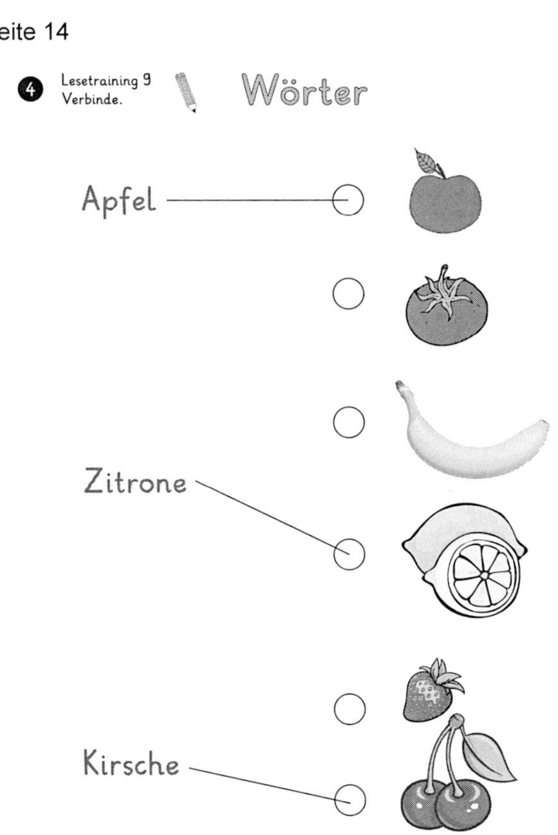

4 Lesetraining 9 Verbinde. Wörter

Apfel

Zitrone

Kirsche

Seite 15

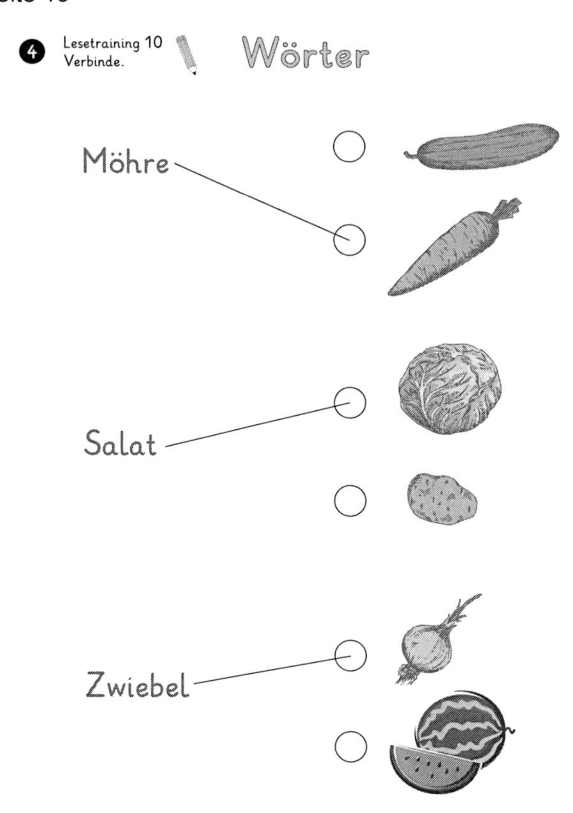

4 Lesetraining 10 Verbinde. Wörter

Möhre

Salat

Zwiebel

Seite 16

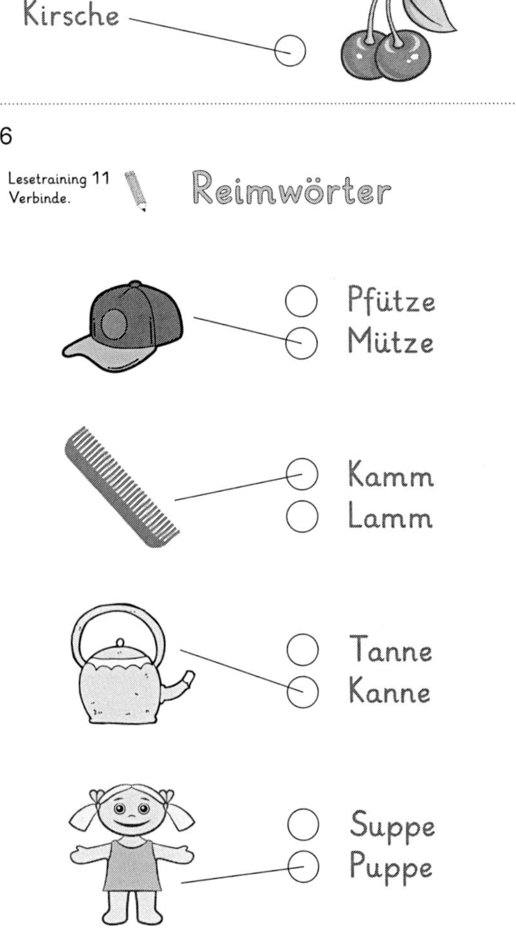

5 Lesetraining 11 Verbinde. Reimwörter

Pfütze
Mütze

Kamm
Lamm

Tanne
Kanne

Suppe
Puppe

Seite 17

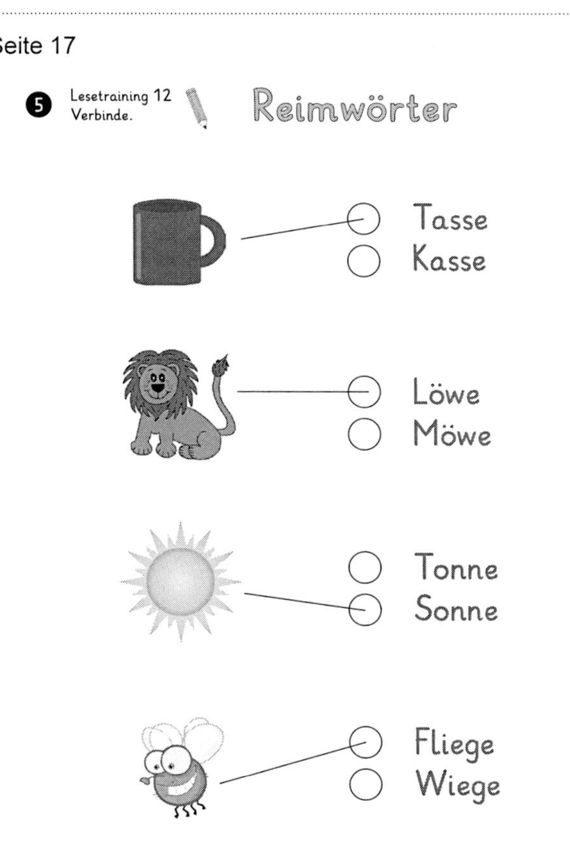

5 Lesetraining 12 Verbinde. Reimwörter

Tasse
Kasse

Löwe
Möwe

Tonne
Sonne

Fliege
Wiege

15 Lösungen

Seite 18

5 Lesetraining 13
Verbinde.

Reimwörter

- ○ Pfote
- ○ Note

- ○ Pfeil
- ○ Seil

- ○ Pferd
- ○ Herd

- ○ Pfahl
- ○ Zahl

Seite 19

5 Lesetraining 14
Kreuze an.

Reimwörter

- ○ Rose
- ○ Dose
- ⊗ Hose

- ○ Nase
- ⊗ Vase
- ○ Hase

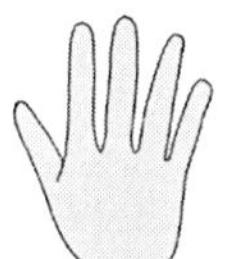

- ○ Wand
- ⊗ Hand
- ○ Band

Seite 20

5 Lesetraining 15
Kreuze an.

Reimwörter

- ○ Wut
- ⊗ Hut
- ○ Mut

- ○ Mund
- ○ Wund
- ⊗ Hund

- ○ Maus
- ⊗ Haus
- ○ Laus

Seite 21

5 Lesetraining 16
Kreuze an.

Reimwörter

- ○ Kopf
- ○ Zopf
- ⊗ Topf

- ○ Futter
- ⊗ Butter
- ○ Kutter

- ○ Traum
- ○ Raum
- ⊗ Baum

Lese-Versteher werden
Sinnerfassendes Lesen erfahren – Bestell-Nr. 12 911
KOHL VERLAG

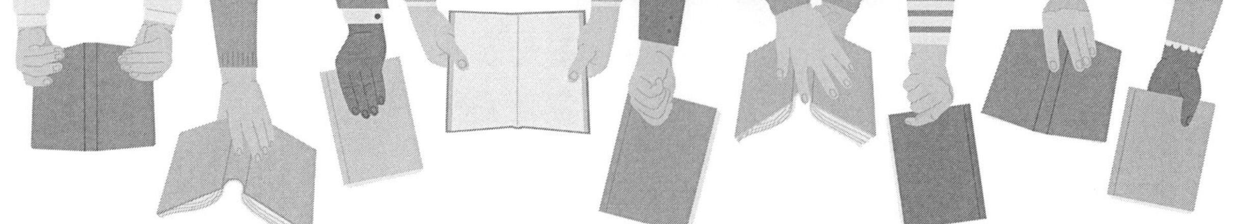

15 Lösungen

Seite 22

6 Lesetraining 17
Kreuze an.

Wörter

Was gehört zusammen? (z. B. Stift und Papier)

Suppe und

- ◯ Gabel ⓧ Löffel ◯ Messer

Mütze und

- ◯ Hut ◯ Kapuze ⓧ Schal

Schlüssel und

- ◯ Karte ⓧ Schloss ◯ Handy

Mond und

- ⓧ Sterne ◯ Wolken ◯ Regen

Seite 23

6 Lesetraining 18
Kreuze an.

Wörter

Was gehört zusammen? (z. B. Stift und Papier)

Socken und

- ◯ Schlauch ◯ Schiff ⓧ Schuhe

Badewanne und

- ◯ Steine ⓧ Schaum ◯ Sand

Stuhl und

- ◯ Teppich ⓧ Tisch ◯ Tasse

Wäsche und

- ◯ Kasse ◯ Kino ⓧ Korb

Seite 24

6 Lesetraining 19
Kreuze an.

Wörter

Was gehört zusammen? (z. B. Stift und Papier)

Regen und

- ◯ Schnee ⓧ Schirm ◯ Schwamm

Hund und

- ◯ Kleid ◯ Knopf ⓧ Knochen

Nadel und

- ◯ Fisch ⓧ Faden ◯ Frost

Eis und

- ⓧ Sahne ◯ Sonne ◯ Sonntag

Seite 25

6 Lesetraining 20
Kreuze an.

Wörter

Was gehört zusammen? (z. B. Stift und Papier)

Haare und

- ◯ Bart ⓧ Bürste ◯ Bild

Brot und

- ⓧ Wurst ◯ Wind ◯ Wand

Blumen und

- ◯ Engel ⓧ Erde ◯ Esel

Kuchen und

- ⓧ Teller ◯ Torte ◯ Tag

15 Lösungen

Seite 26

7 Lesetraining 21
Kreuze an.

Buchstaben verbinden

Ring

○ Dinge (X) Ring ○ Finger

Eimer

○ Breite ○ Leiter (X) Eimer

Laterne

(X) Laterne ○ Sterne ○ Ferne

Zaun

○ Baum ○ Traum (X) Zaun

Seite 27

7 Lesetraining 22
Kreuze an.

Buchstaben verbinden

Raupe

○ Taufe ○ Auge (X) Raupe

Löwe

○ Möwe (X) Löwe ○ Kröte

Fisch

○ Tisch ○ Licht (X) Fisch

Schlange

(X) Schlange ○ Stange ○ Wange

Seite 28

7 Lesetraining 23
Kreuze an.

Buchstaben verbinden

Birne

○ Stirn (X) Birne ○ Biene

Apfel

○ Tafel (X) Apfel ○ Harfe

Zitrone

○ Patrone ○ Melone (X) Zitrone

Beere

○ Meer (X) Beere ○ Berge

Seite 29

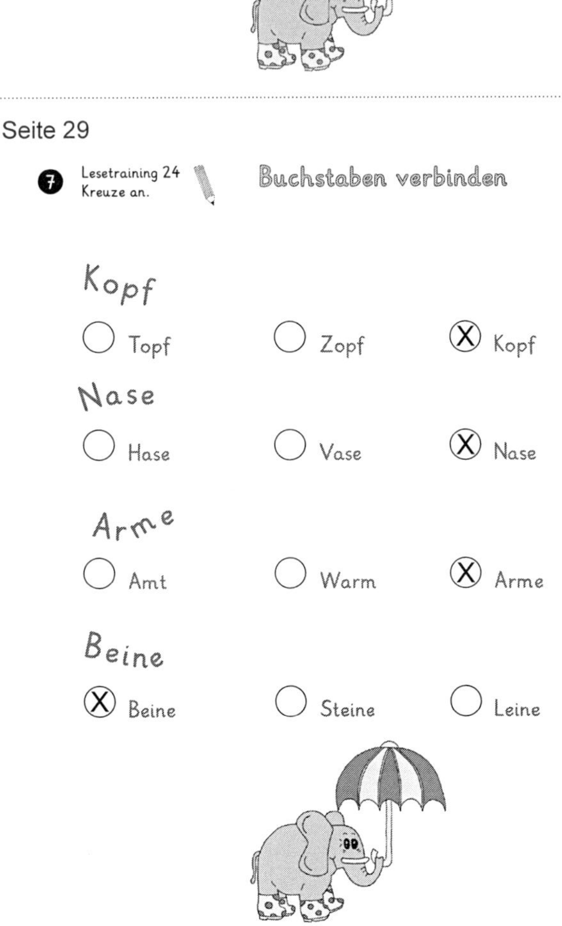

7 Lesetraining 24
Kreuze an.

Buchstaben verbinden

Kopf

○ Topf ○ Zopf (X) Kopf

Nase

○ Hase ○ Vase (X) Nase

Arme

○ Amt ○ Warm (X) Arme

Beine

(X) Beine ○ Steine ○ Leine

KOHL VERLAG Lese-Versteher werden
Sinnerfassendes Lesen erfahren – Bestell-Nr. 12 911

15 Lösungen

Seite 30

8 Lesetraining 25
Kreuze an.

Silben

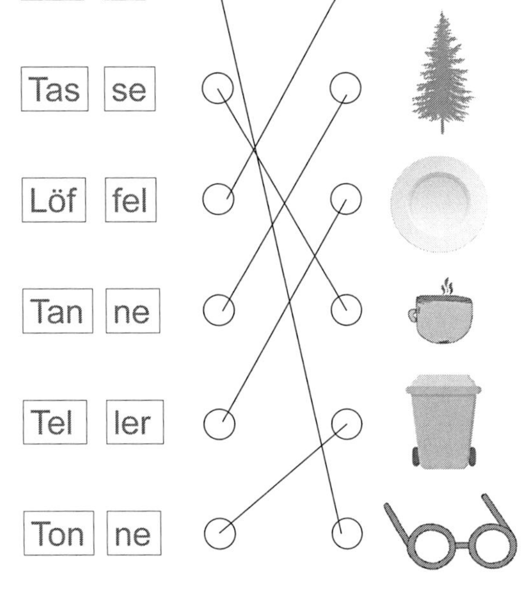

Bril le
Tas se
Löf fel
Tan ne
Tel ler
Ton ne

Seite 31

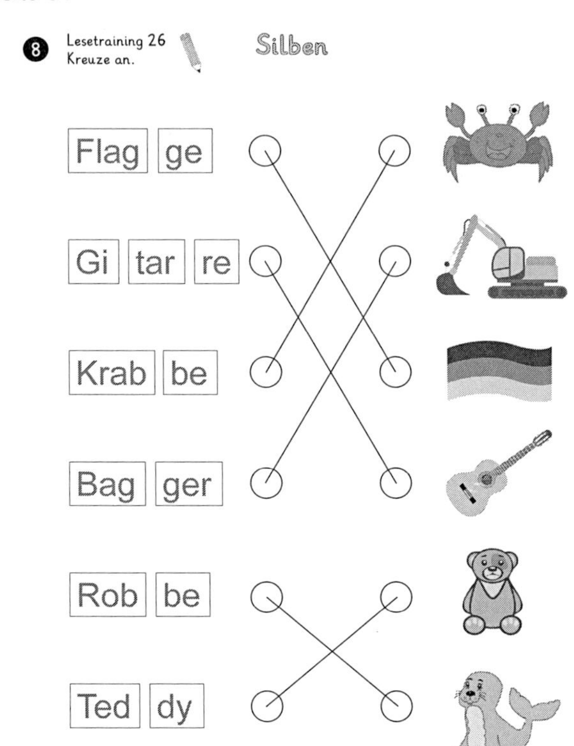

8 Lesetraining 26
Kreuze an.

Silben

Flag ge
Gi tar re
Krab be
Bag ger
Rob be
Ted dy

Seite 32

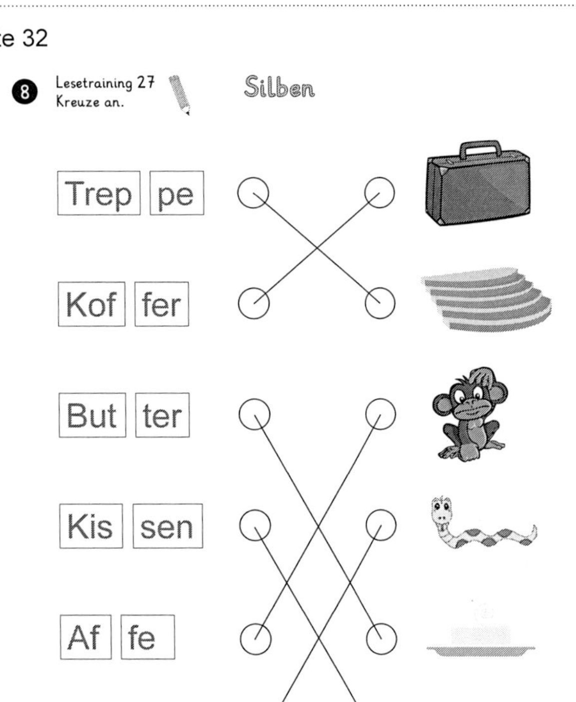

8 Lesetraining 27
Kreuze an.

Silben

Trep pe
Kof fer
But ter
Kis sen
Af fe
Nat ter

Seite 33

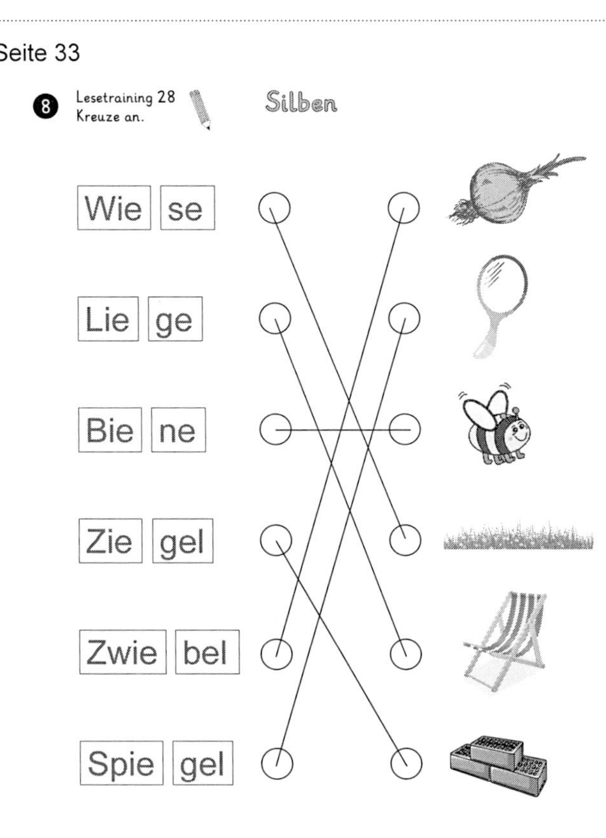

8 Lesetraining 28
Kreuze an.

Silben

Wie se
Lie ge
Bie ne
Zie gel
Zwie bel
Spie gel

Lese-Versteher werden
Sinnerfassendes Lesen erfahren – Bestell-Nr. 12 911
KOHL VERLAG

15 Lösungen

Seite 34

8 Lesetraining 29 Kreuze an. **Silben**

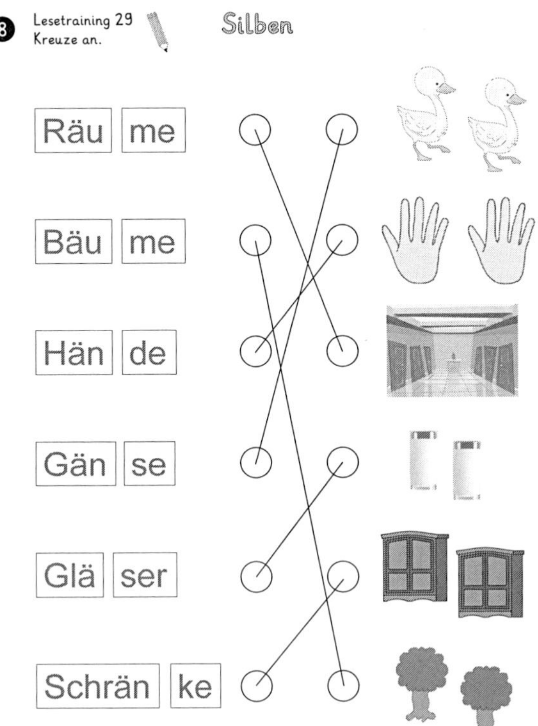

Seite 35

8 Lesetraining 30 Kreuze an. **Silben**

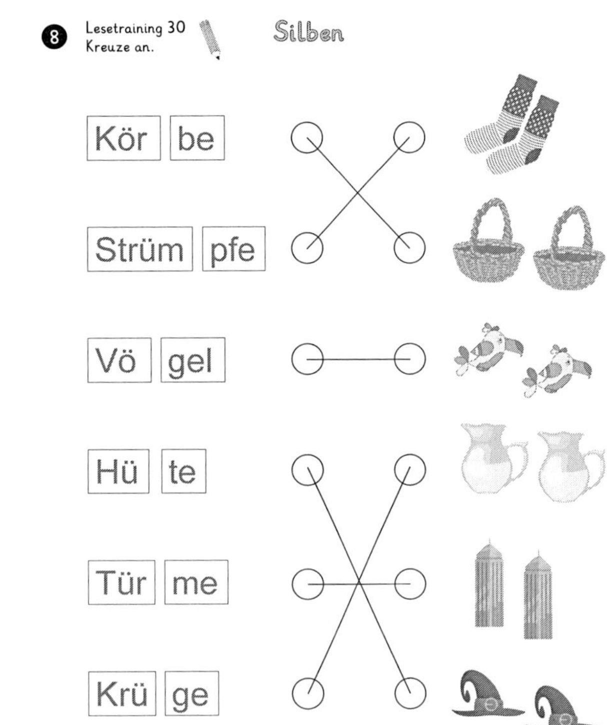

Seite 36

9 Lesetraining 31 Kreuze an. **Mehrzahl**

Seite 37

9 Lesetraining 32 Kreuze an. **Mehrzahl**

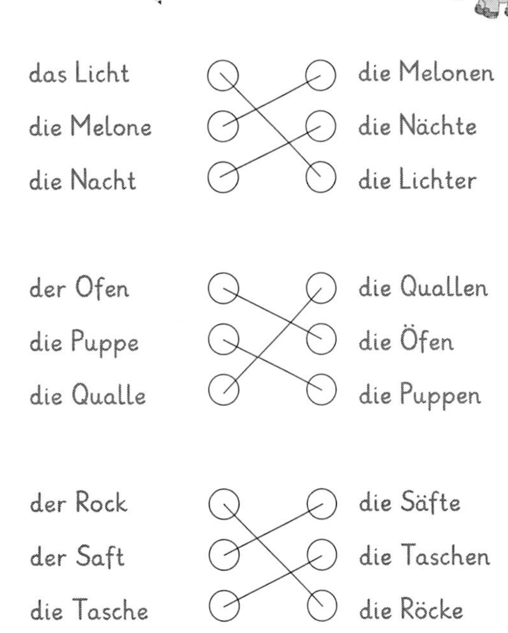

15 Lösungen

Seite 38

9 Lesetraining 33
Kreuze an.

Mehrzahl

die Uhr	die Vasen
die Vase	die Wände
die Wand	die Uhren

der Zug	die Zähne
der Zopf	die Züge
der Zahn	die Zöpfe

der Hut	die Töpfe
der Topf	die Wälder
der Wald	die Hüte

Seite 39

9 Lesetraining 34
Kreuze an.

Mehrzahl

die Schlange	die Schleifen
die Schnecke	die Schlangen
die Schleife	die Schnecken

der Stein	die Stangen
die Stange	die Sterne
der Stern	die Steine

die Spinne	die Schwäne
das Spiel	die Spinnen
der Schwan	die Spiele

Seite 40

10 Lesetraining 35
Kreuze an.

Sätze

- (X) Der Bus fährt.
- ( ) Der Bus fliegt.

- ( ) Das Auto hat Schuhe.
- (X) Das Auto hat Räder.

- (X) Der Fisch liebt Wasser.
- ( ) Der Fisch liebt Sand.

Seite 41

10 Lesetraining 36
Kreuze an.

Sätze

- ( ) Die Feder ist schwer.
- (X) Die Feder ist leicht.

- (X) Der Ball rollt.
- ( ) Der Ball tanzt.

- (X) Das Telefon klingelt.
- ( ) Das Telefon quengelt.

Lese-Versteher werden
KOHL VERLAG

15 Lösungen

Seite 42

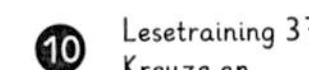
10 Lesetraining 37 Kreuze an. **Sätze**

- [ ] Timo legt die Küche.
- [x] Timo fegt die Küche.

- [x] Felix liegt am Strand.
- [ ] Felix biegt am Strand.

- [ ] Opa spitzt im Zug.
- [x] Opa sitzt im Zug.

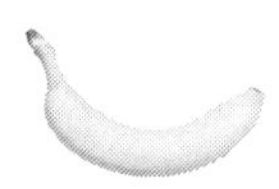

- [x] Die Affen fressen Bananen.
- [ ] Die Affen messen Bananen.

Seite 43

10 Lesetraining 38 Kreuze an. **Sätze**

- [x] Briefe kommen mit der Post.
- [ ] Briefe trommeln mit der Post.

- [ ] Pflanzen fauchen Wasser.
- [x] Pflanzen brauchen Wasser.

- [x] Die Hose ist schmutzig.
- [ ] Die Hose ist lustig.

- [x] Fische haben Flossen.
- [ ] Fische haben Sprossen.

Seite 44

10 Lesetraining 39 Kreuze an.  **Sätze**

- [ ] Auf der Baustelle ist es leise.
- [x] Auf der Baustelle ist es laut.

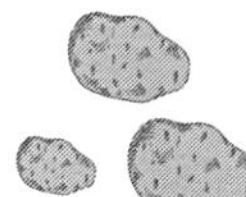

- [x] Im Topf kochen Kartoffeln.
- [ ] Im Topf kochen Pantoffeln.

- [x] Auf dem Bauernhof leben Tiere.
- [ ] Auf dem Bauernhof kleben Tiere.

- [ ] Im Winter ist es heiß.
- [x] Im Winter ist es kalt.

Seite 45

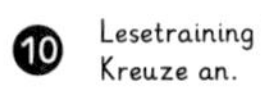
10 Lesetraining 40 Kreuze an.  **Sätze**

- [ ] Der Hut hat ein Loch.
- [x] Der Hut hat kein Loch.

- [x] Der Hut liegt auf dem Buch.
- [ ] Der Hut liegt nicht auf dem Buch.

- [ ] Der Hut liegt neben dem Buch.
- [x] Der Hut liegt nicht neben dem Buch.

- [x] Der Hut liegt nicht unter dem Buch.
- [ ] Der Hut liegt unter dem Buch.

Lese-Versteher werden
Sinnerfassendes Lesen erfahren – Bestell-Nr. 12 911
KOHL VERLAG

15 Lösungen

Seite 46

- [x] Der Apfel ist nicht im Eimer.
- [ ] Der Apfel ist im Eimer.

- [x] Der Apfel liegt vor dem Eimer.
- [ ] Der Apfel liegt nicht vor dem Eimer.

- [ ] Der Apfel liegt unter dem Eimer.
- [x] Der Apfel liegt neben dem Eimer.

- [ ] Der Apfel liegt nicht hinter dem Eimer.
- [x] Der Apfel liegt hinter dem Eimer.

Seite 47

10 Lesetraining 42
Kreuze an.

- [x] Der Elefant steht vor dem Baum.
- [ ] Der Elefant steht nicht vor dem Baum.

- [ ] Der Elefant steht vor dem Baum.
- [x] Der Elefant steht nicht vor dem Baum.

- [x] Der Elefant steht hinter dem Baum.
- [ ] Der Elefant steht nicht hinter dem Baum.

- [ ] Der Elefant ist nicht weg.
- [x] Der Elefant ist weg.

Seite 48

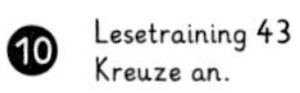

- [ ] Der Pilz hat keine Punkte.
- [x] Der Pilz hat fünf Punkte.

- [ ] Der Pilz hat eine Blume.
- [x] Der Pilz hat keine Blume.

- [x] Der Pilz hat einen Vogel auf dem Kopf.
- [ ] Der Pilz hat keinen Vogel auf dem Kopf.

- [x] Der Pilz hat eine runde Nase.
- [ ] Der Pilz hat keine runde Nase.

Seite 49

10 Lesetraining 44
Kreuze an.

Sätze

- [x] Das Auto hat Räder.
- [ ] Das Auto hat keine Räder.

- [ ] Das Auto hat keine Frontscheibe.
- [x] Das Auto hat eine Frontscheibe.

- [ ] Das Auto hat keine Scheinwerfer.
- [x] Das Auto hat Scheinwerfer.

- [x] Hinter dem Auto steht kein Baum.
- [ ] Hinter dem Auto steht ein Baum.

Lese-Versteher werden
Sinnerfassendes Lesen erfahren ▪ Bestell-Nr. 12 911
KOHL VERLAG

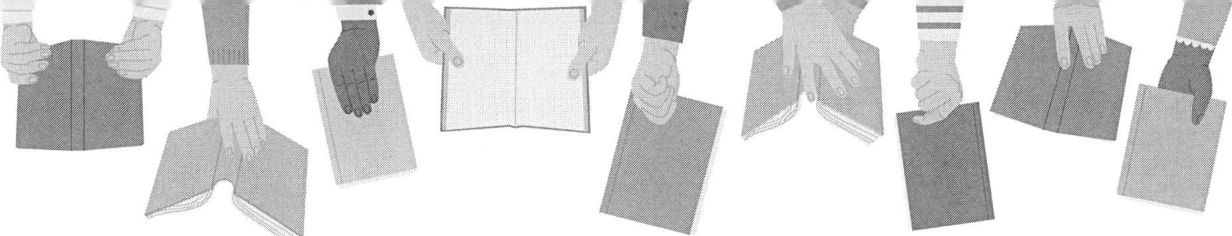

15 Lösungen

Seite 50

10 Lesetraining 45
Kreuze an.

Sätze

○ Im Garten stehen keine Bäume.
ⓧ Im Garten stehen drei Bäume.

○ Im Garten sind zwei Rosen.
ⓧ Im Garten sind keine Rosen.

ⓧ Im Garten lebt eine Schnecke.
○ Im Garten lebt keine Schnecke.

ⓧ Im Garten gibt es Sonnenblumen.
○ Im Garten gibt es keine Sonnenblumen.

Seite 51

11 Lesetraining 46
Male.

Zählen

Das zweite Herz ist grau.

Das vierte Herz ist grün.

Das erste Herz ist blau.

Das fünfte Herz ist gelb.

Seite 52

11 Lesetraining 47
Male.

Zählen

Der dritte und der fünfte Kreis sind lila.

 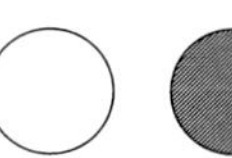  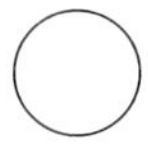 

Der erste und der zweite Kreis sind gelb.

  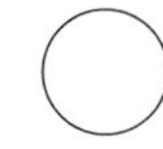 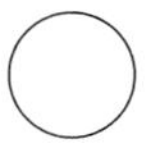 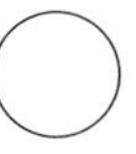

Der vierte und der fünfte Kreis sind braun.

 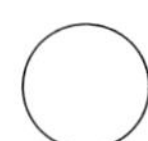 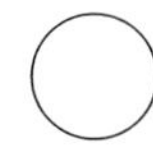 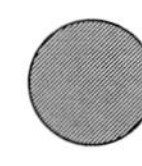 

Der dritte und der vierte Kreis sind grün.

    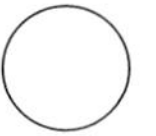

Seite 53

12 Lesetraining 48
Male.

Richtung

Der mittlere Stern ist grau.

Der linke Stern ist gelb.

Der rechte Stern ist gelb.

Der linke und der rechte Stern sind gelb.

15 Lösungen

Seite 54

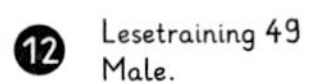

Richtung

Der Pfeil, der nach oben zeigt, ist blau.

  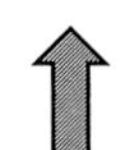 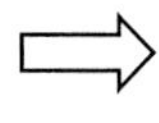

Der Pfeil, der nach unten zeigt, ist grün.

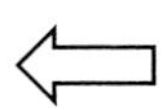   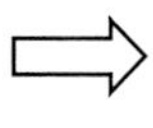

Der Pfeil, der nach rechts zeigt, ist orange.

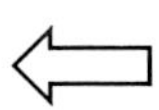 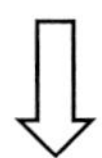  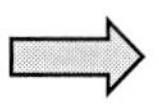

Der Pfeil, der nach links zeigt, ist lila.

 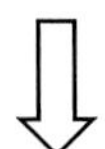  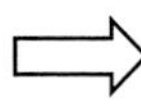

Seite 55

12 Lesetraining 50
Male.

Richtung

Der Mond ist hinter der Wolke.

Der Mond ist links neben der Wolke.

Der Mond ist vor der Wolke.

Der Mond ist rechts neben der Wolke.

Seite 56

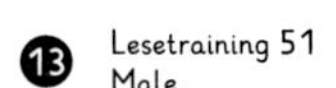

Wortgrenzen

MALEDREIKREISE.

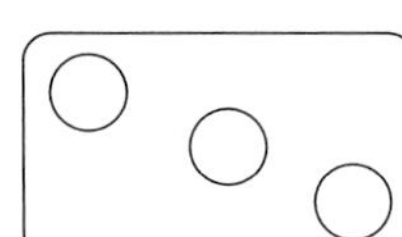 

MALEZWEIHERZEN.

MALEEINENLUFTBALLON.

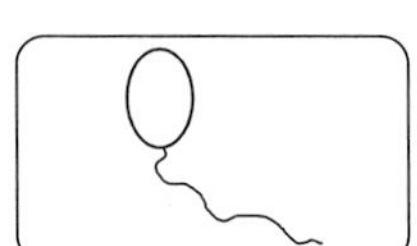 

Seite 57

13 Lesetraining 52
Male.

Wortgrenzen

MALEVIERDREIECKE.

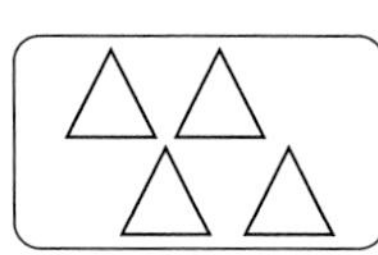 

MALEFÜNFSTRICHE.

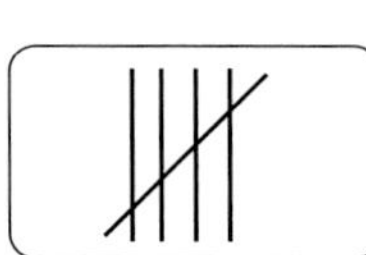 

MALEEINEBLAUEWOLKE.

KOHL VERLAG
Lese-Versteher werden
Sinnerfassendes Lesen erfahren – Bestell-Nr. 12 911